微商开店与运营一册通

技巧 + 工具 + 实践

姬剑晶　张显煌◎著

人民邮电出版社

北　京

图书在版编目（CIP）数据

微商开店与运营一册通 ： 技巧+工具+实践 / 姬剑晶，张显煌著. -- 北京 ： 人民邮电出版社，2016.3
ISBN 978-7-115-41806-7

Ⅰ. ①微… Ⅱ. ①姬… ②张… Ⅲ. ①网络营销 Ⅳ. ①F713.36

中国版本图书馆CIP数据核字(2016)第032431号

内容提要

2013年年底，微信朋友圈、QQ空间突然出现了一个新的群体，他们卖服装、卖面膜、卖珠宝、卖玩具、卖水果……几乎所有你需要的东西都可以在那里找到；月入十万不是梦、草根也有逆袭时、动动手指就赚钱、人人都能当老板……有关他们的故事被反复传诵。短短几年时间，他们便培育出了一种新的商业形态，这个群体就是微商。

很多人被他们的成功经历所吸引，急切地想要通过这种方式创业。但是，你了解微商吗？你做好准备了吗？你知道如何开店、定位、选品、推广、营销吗？

本书作者深入解读了微商的过去、现在与未来，详细介绍了如何开店定位、创新思维、吸引粉丝、选择产品、营销推广、文案撰写，全方位讲解了成为一名赚钱的微商需要掌握的方法和技巧以及需要避开的陷阱和误区。

本书适合那些准备进入微商领域创业及正在微商行业奋斗的人士阅读，书中的内容对传统电商转型微商或传统企业直接布局微商也有很高的参考价值。

◆ 著 姬剑晶 张显煌
责任编辑 庞卫军
责任印制 焦志炜
◆人民邮电出版社出版发行 北京市丰台区成寿寺路 11 号
邮编 100164 电子邮件 315@ptpress.com.cn
网址 http://www.ptpress.com.cn
大厂聚鑫印刷有限责任公司印刷
◆开本：700×1000 1/16
印张：14 2016 年 3 月第 1 版
字数：150 千字 2016 年 3 月河北第 1 次印刷

定 价：45.00 元

读者服务热线：（010）81055656 印装质量热线：（010）81055316

反盗版热线：（010）81055315

广告经营许可证：京东工商广字第 8052 号

前 言

中国互联网信息中心发布的《第36次中国互联网络发展状况统计报告》显示，截至2015年6月，中国网民规模达6.68亿，其中手机网民规模达5.94亿，占总网民数的88.9%。随着手机终端的大屏化和手机应用体验的不断提升，手机逐渐成为网民最主要的上网终端。

手机上网给人们的生活带来了不小的影响，休闲娱乐、信息获取、交流沟通、网络购物、移动支付……可谓一机在手，诸事不愁。良好的外部环境，为微商的诞生和发展提供了绝佳的温床。雷军曾说过："只要站在风口，猪也能飞起来。"很多人都敏锐地意识到：微商，就是这样的风口。

微商的门槛也低得令人心动。不管你的资金有多少，不管你的时间有多少，不管你的职业是什么，不管你的产品是什么，只要你愿意，你随时都能加入微商的行列。

门槛低、成本小、传播广等优势，让微商的发展势不可挡。但如何做好微商，却需要智慧。

我们经常能看到这样的信息："做微商，月入百万不是梦""微商开门三件事，刷屏炫富数钞票""动动手指，打打电话，轻轻松松把钱赚"。这些极具诱惑力的信息，吸引了无数怀揣"一夜暴富"梦想的人投身微商大军，形成一股"草根创业"的浪潮。

然而，这些光鲜故事背后的汗水和泪水，新入行的微商完全不理解。大多数人对微商缺乏正确、系统的认识，没有良好的心态，更没有正确的思维；

不懂得如何定位，更不会选择产品；不会吸引粉丝，更不会营销和推广；不知道如何听，更不知道如何说……他们“很傻很天真”地认为“微商只是在朋友圈里刷刷屏”，殊不知这样做很可能会透支自己为数不多的人脉；“微商只是找好上家做代理”，殊不知这样做很可能让自己变为滞销货的仓库；“微商培训能帮助我们成功”，好好想想，一两堂的培训课怎么可能让一个人脱胎换骨？

理想珠圆玉润，现实骨瘦如柴。微商这块巨大而诱人的蛋糕只是“看上去很美”，如果对其不了解、不熟悉就盲目下嘴，只会硌掉自己的牙齿。

本书作者在电子商务领域工作近十年，经历了电商称霸、微博崛起、微商兴盛的各个阶段，积攒了大量的实战经验。在微商兴起之际，作者愿意将自己对微商的认识以及实际操作经验与大家共享，以便即将上路的微商再不用“摸着石头过河”，更不用随时担心“溺毙”；同时作者也希望帮助已在路上的微商快速做大做强，早日实现“日进斗金”的梦想。

本书分为四大部分。

第一部分：第 1 章到第 2 章，主要介绍什么是微商，以及微商开店的具体方法，可以称为“基础篇”。

第二部分：第 3 章到第 6 章，主要介绍微商如何树立正确的思维、选择产品、吸引粉丝以及推广产品，可以称为“技巧篇”。

第三部分：第 7 章到第 8 章，主要介绍微商的具体营销方法，包括营销话术和营销技巧，可以称为“实战篇”。

第四部分：第 9 章，主要介绍微商如何用好微信公众号，可以称为“工具篇”。

重理论而轻方法是很多微商培训类课程及图书的特点，这让很多微商尤其是新手谈起理论来头头是道，而一到实际操作时就手忙脚乱或直接傻眼。本书更侧重于方法与技巧，能引导微商新人从“纸上谈兵型”变身“实战精英型”，让微商创业从“看上去很美”变成“它真的很美”。

目 录

第 1 章　起立，欢迎新贵微商先生

第 2 章　手把手教你开微店

第 3 章　思维至上，给微店正确导航

第 4 章　粉丝有多少，生意有多大

第5章　产品是你最好的导购

第6章　做好推广，“微”力无限

第 8 章 找到适合你的营销方法

第 9 章 用好公众号是成功微商的必修课

第 1 章

起立，欢迎新贵微商先生

chapter1

你也说微商，我也说微商，可微商到底是什么？它有哪些类型？哪一种类型最适合你去做？微商创业会遇到哪些机遇和挑战？本章将一一解答这些疑问。

1.1 什么是微商

1.1.1 微商的概念

伴随着微信的普及，微商似乎“鸟伴鸾凤飞腾远”，数量越来越多，势头越来越猛。微信的普及为微商的发展提供了良好的生态环境。那么，能不能简单地认为利用微信营销产品就是微商呢？当然不能。

何谓微商？

从本质上说，微商就是微电商。

微商是移动互联网时代的产物，是一种以交互、体验、口碑、分享为途径，以精简购买过程、优化购物体验为目标的精细化电子商务。

微电商和传统电商不同，传统电商以互联网为载体，而微电商却是以手机为代表的移动终端为载体，是基于由每个个体构成的时时刻刻的碎片化电子商务行为。

微商不仅会选择微信、微博等社交工具，还会利用手机 QQ、陌陌等 Web 3.0 时代所衍生的工具作为电子商务平台，是一种特有的社交性电子商务。

因此，我们可以这样给微商下一个定义：微商是一种出现在移动互联网时代，根植于社会化软件的电商模式。

1.1.2 微商的类型

前面我们分析了微商的概念，那么微商都有哪些类型呢？

（1）C2C 类型的个体商户

C2C，即个人对个人的模式。在这个全民开店的时代，C2C 类型的微商具有卖家和买家的双重身份。到目前为止，这种模式的微商群体是最大的。

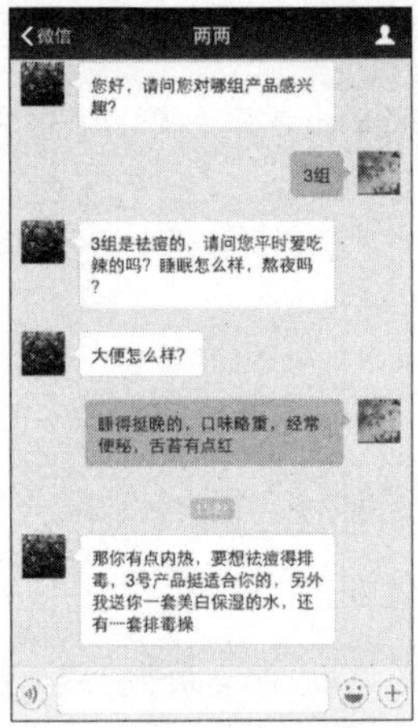

图 1.1　C2C 类型的微商

（2）B2C 类型的品牌卖家

B2C，即企业对个人的模式。随着微商的发展，消费者的注意力将会发生转移，关注点会逐渐从价格变为品牌和质量，B2C 模式的微商便顺势而生。传统电商也曾经历过这种变化，最显著的例子就是淘宝网。淘宝网最初推行的也是 C2C 模式，后来又推出 B2C 模式的天猫商城。

图 1.2　B2C 类型的微商

（3）C2B 类型的个性化定制

C2B，即个人对企业的模式。也就是说，微商们需要针对消费者的具体需求定制个性化产品。这种模式往往走精准营销的路子，更容易找到具体的客户。这种模式所营销的产品往往是价值比较模糊的商品，比如手工零食、自制熏香等。

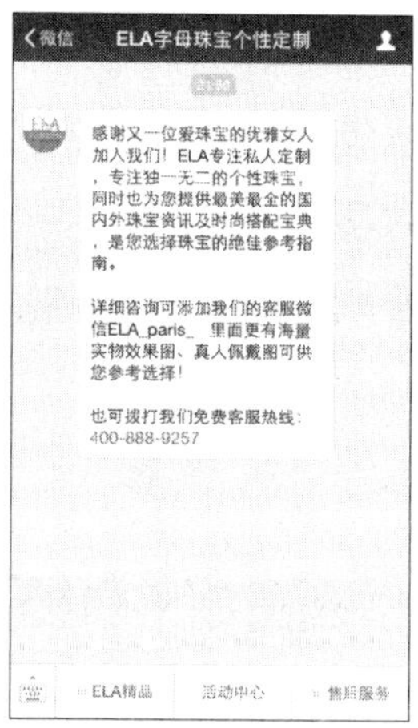

图 1.3　C2B 类型的微商

（4）本土服务的 O2O

O2O，即线上线下相结合的模式。这种模式很多微商都在身体力行，比如线上引流、线下交易，线下体验、线上支付等。O2O 模式下，微商的身份又发生了微妙的变化，微商不仅是用移动终端营销商品的移动电商，同时还是连接消费者和传统电商的有效桥梁。

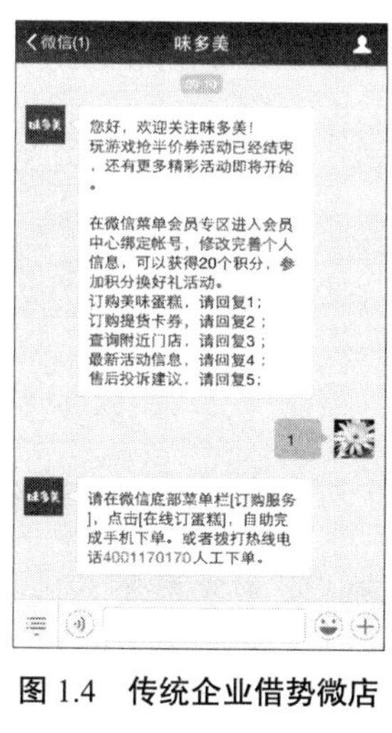

图 1.4　传统企业借势微店

1.1.3 微商的发展阶段

微商虽然年纪“轻”，却也“饱经沧桑”。迄今为止，微商已经走过四个阶段。“走过”这个词可能不够精准，毕竟这四个阶段不存在层层递进的关系，与其说是“已经走过”，不如换成“已经尝试”。目前，这四种形态并列存在。

（1）商品为王的时代

威力：★★★

特技：充分利用信息不对等以及资源的稀缺性，形成“人无我有，人有我优”的产品优势，并以此优势招徕消费者。

优缺点：操作简单，易盈利；但一旦这种资源的稀缺性被打破，容易陷入壁垒之中。

代表商品：具有产地优势的大米、海鲜之类的产品。

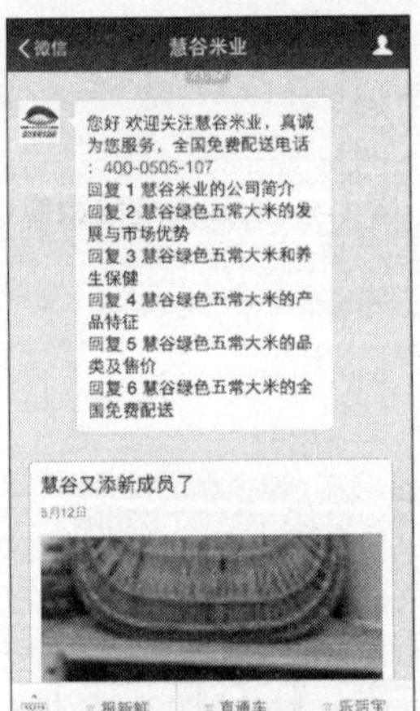

图 1.5 具有产地优势的大米

（2）意见领袖引领阶段

威力：★★★★

特技：第一，利用意见领袖的影响力，对公众实施权威暗示，引领消费，诱发营销热潮，这些意见领袖可能是明星、名人、学者以及草根达人等；第二，传统商家，包括实体商家或传统电商，均在传统渠道中已经拥有一定的“拥护者”，他们可以利用消费者对自身的信任，借助已经成熟的资源优势以及运营优势等，对消费者进行引流。

代表商品：衣服、化妆品等。

优缺点：操作得当，可以迅速产生效益；但草根成为意见领袖的道路同样是漫长而艰辛的。

图 1.6　明星在微博上发布产品信息

（3）质量为王的阶段

威力：★★★★★

特技：微商的目标是通过交互、体验、口碑、分享等途径，以精简购买过程、优化购物体验。那么，提高产品的质量、打造产品品牌，能重新给予客户信任感，达到微商的目标。

优势：一旦在消费者心中形成产品质量过硬的形象，势必会引发病毒式传播，进而获得成功；但是，这也要求微商始终关注“品牌”形象建设，不能再回到单纯的商品为王的层面。

代表产品：各种品牌产品。

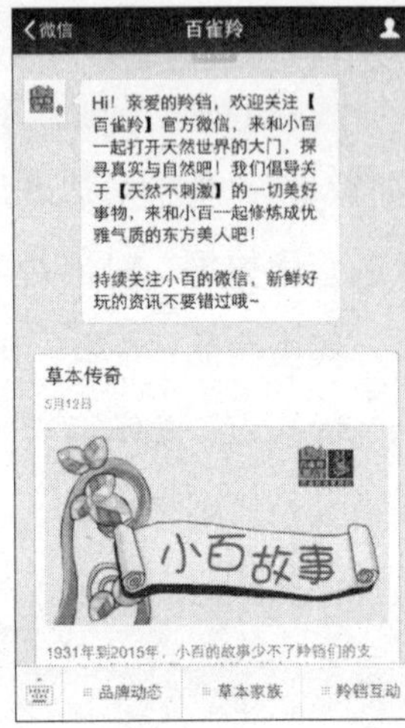

图 1.7　某品牌化妆品入驻微信

(4) 社群为王的时代

威力：★★★★★

特技：想做微商的人组建一个社群，通过群成员相互之间的共同特点或共同爱好以增加黏性。当这个社群发展到一定规模，就可以面向这个群体销售相关的商品或服务。需要注意的是，社群必须基于共同爱好或者共同特点来组建，单纯以体验产品形成的微社群，几乎没有黏性。

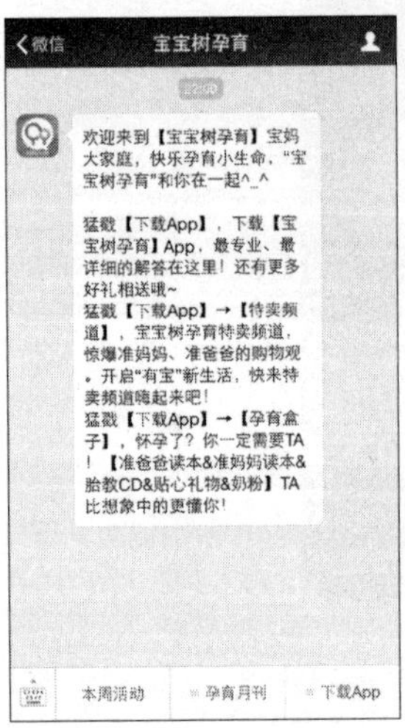

图 1.8　微社群宝宝树

优点：微社群是扩大化的“朋友圈”，并可以持续扩大，这就意味着我们的营销范围可以不断扩大；不过微社群经营难度比较大，我们需要花费大量精力去管理它，如果管理不当，那么微社群将丧失其功能，就会重新回到产品为王的时代。

代表商品：满足微社群成员之间共同特点以及共同爱好的商品，比如骑行社可以卖相关的自行车配件，早教社可以卖同宝宝有关的产品等。

1.2 微“利”无限

1.2.1 时势造微商

2015 年伊始，微商行业便“风起云涌”。冠名《非诚勿扰》的韩束、有着亚洲第一美白品牌之称的白大夫等，这些耳熟能详的品牌也开始试水微商市场。

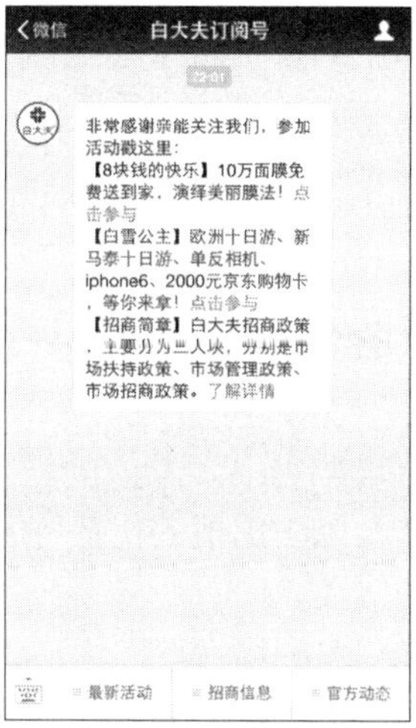

图 1.9　白大夫进军微信

微商大火，它的定位和性质决定了这是必然的结果。不过，不是微商改变了世界，而是时势成就了微商。

走在大街小巷，触目所及，遍地都是手机一族。“2013—2014 年中国手机 / 智能手机市场研究年度总报告”中指出：2014 年中国智能手机用户首次超过 5 亿人，成为智能手机用户最多的国家；手机使用率高达 83.4%，首次超越传统 PC 整体 80.9%的使用率。

智能手机大行其道，代表我们已经进入了移动互联网时代。

在这样的大环境下，一些依托于手机的智能软件应运而生。甫一面世，就受到了用户们的热烈欢迎，比如微信。

这款社交工具仅面世6个月，用户量就突破了1000万，而到破亿也仅用了一年多一点的时间。微信等社交软件，极大地改变了人和人之间的沟通方式。这时，将这些软件当做平台来展示和营销商品就成为可能，于是造就了一种全新的商业机会——微商。

不仅如此，人们购物习惯的改变也给微商发展提供了无限可能。现在人们的购物习惯和购物模式已经在悄然改变，他们不再被动地接受商场展示的商品，而是渴望更多的选择主动权，希望能通过各种社交购物平台选择自己喜欢的商品。

也正是因为微商的双重特性，它又招徕了大量的创业者。

1.2.2 微商，圆你的创业梦

微商的性质决定了任何个体都可以利用这种模式圆自己的创业梦。对于创业者而言，微商有哪些令人无法抗拒的优势呢？

（1）零门槛

相比较而言，微商的门槛是非常低的。

创业者想要实体创业，首先要拥有一定的资金来支付房屋租赁、门店装修、办理相关证件、雇用员工等费用，这笔费用让很多人的创业梦折戟沉沙。但是，你只需要拥有一部智能手机和首批进货款，便可以通过微商实现自己的创业梦。

（2）低成本、高效率的推广

低成本且高效率的推广是微商的一大特色。我们举一个简单的例子，你在搜索引擎上以10元竞价关键词,能吸引到多少点击？换成微商就不一样了。我们用几分钱的流量费用发布一条微博或者微信，可以很快被成百上千甚至数以万计的人看到。

微商的这种特色，吸引了很多创业者。他们开始认识到，只要有数量足够多、黏度足够强的粉丝，创业就会变得很简单。

（3）灵活化、自由化的模式

目前，90后已经开始走上社会舞台，他们崇尚自由，标榜个性，厌恶刻板，讨厌束缚，喜欢参与，热爱分享，热衷于网络文化。

微商，与其说为他们提供了灵活、自由的营销平台，倒不如说给予他们以灵活、自由的生活方式。要知道，微商创业的工具是手机——一种人们随身携带的生活工具。打个比方，我们完全可以通过自拍等方式，在展示我们生活的同时推广产品，进而达到营销的目的。

图1.10　90后微商发布的信息

90后女孩西西，体重曾达到85公斤。她在朋友圈将自己减肥的点点滴滴记录下来，吸引了大量粉丝关注。她在展示自己瘦身成果的同时，还销售自己亲身体验过的产品，非常受欢迎。

看吧，这就是微商的魅力所在。当然，它招徕的不光是个体创业者，很多传统企业也将微商当成枯木逢春的良药。

1.2.3　传统企业“枯木逢春”

很长一段时间里，大家对“传统企业要不要做微商”议论纷纷。其实这个问题可以换个角度来看：什么是企业？企业是以盈利为目的，从事生产、流通或服务活动的独立核算经济单位。换而言之，企业追逐的是盈利。微商能盈利，企业为什么不做？

目前，已经有大批企业开始试水微商了，比如2014年12月，天虹商场在手机终端推出了电商交易软件“天虹微品”。

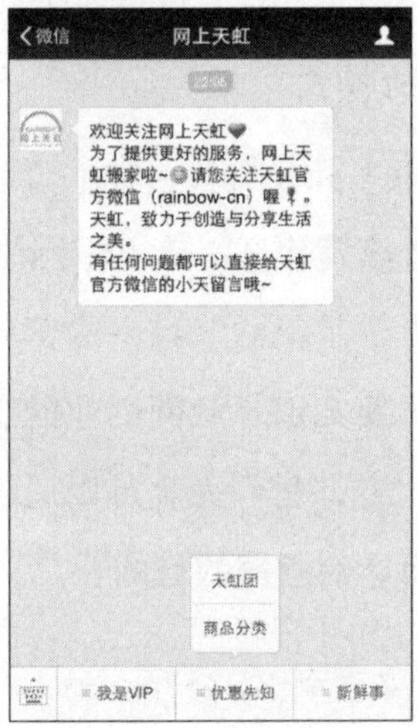

图 1.11　天虹公众号

传统企业做微商有哪些好处？

首先，将线上线下的壁垒打通，充分规避传统电商对传统企业的冲击。

其次，能最大化释放影响力。我们还拿天虹微品来举例。天虹商城拥有很多员工，这些员工在微信等社交软件中都有自己独有的社会关系资源，这些资源无形之中也就变成了天虹本身的资源了，那么天虹商城掌握的资源无形之中就会大大增多。

再次，传统企业成为微商后，和客户之间的联系大大增强了，就能为客户提供“私人定制”等服务。这样有助于提升客户的品牌依赖性，增强客户的黏性。

最后，相比较而言，传统企业不同于单打独斗的个体微商，他们拥有非常完整的运营链条。当他们摇身一变成为微商的时候，采购、库存、营销、物流等都能使用固有的渠道，极大地节省了资源。

总而言之，对于传统企业而言，微商能让他们充分利用本身的资源——产品资源和人力资源，并利用移动互联网技术提高传播和营销的效率。

传统企业如是，那么电商又如何呢？

1.2.4 电商“跑马圈地”

很多人武断地把微商和传统电商对立起来，非要让二者拼个你死我活，分出个高低上下。这是非常可笑的，微商和传统电商之间的确存在着竞争关系，但随着微商的逐步成熟，会出现马云曾经说过的情况：“各种电子商务形态在未来都将融合。”

所以，尽管传统电商和微商之间存在竞争关系，尽管传统电商以产品为主、微商以人为主，但两者又非常有可能出现融合的情况，达到左手 B2C、右手 C2C 的局面。京东已经走在了融合的道路上。

2014 年 5 月，京东微店横空出世，每个人都能申请加盟京东微店。更让加盟者心动的是，大家可以任意选择京东上的自营产品到自己的微店，而后分享到社交平台上。

微商们告别了找不到货源的迷茫，告别了库存带来的压力，告别了快递带来的麻烦，告别了售后的分散精力，所有后续流程京东微店都帮你搞定。而你要做的，只是将其销售出去，便可以获得一定比例的销售佣金。

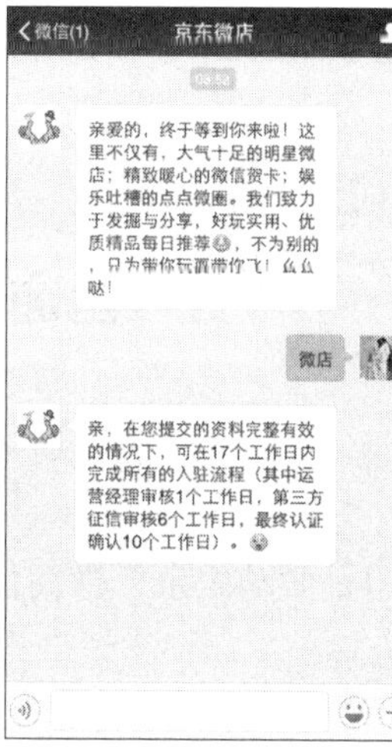

图 1.12　京东微店注册

我们能从京东微店中得到哪些启示呢？

（1）充分利用既有的供应链

京东微店缘何如此“大包大揽”？其实这不过是充分利用既有的完整供

应链而已。很多依托传统电商的卖家对这点都有经验，经过长期经营，他们已经拥有了完整的经营链条，不管是质优价廉的产品，还是快捷方便的物流，都能直接拿来使用。

（2）充分利用良好的口碑

目前很多成功的微商都是从传统电商中“搬家”过来的，经营多年以来，他们的产品或服务已经形成良好的口碑。换言之，他们已经有了“粉丝”。这时，从电商转到微商，只需要简单的“搬家”，便能将黏度很高的“粉丝”带过来，这比从头开始四处找“粉丝”的效果好太多。

（3）充分利用既有的团队

如果一个人身兼营销、产品管理、售后客服等角色，既会力不从心，又没有效率。所以，做微商需要一个团队才不会举步维艰。一般的传统电商，都拥有协作性很好的团队。如果传统电商想要同微商融合，直接将团队“开拔”过去即可，免去了招募组建以及磨合的时间。

1.3 微商的“三大暗礁”与“四大挑战”

微“利”无限，惹的无数人为之神魂颠倒，几乎是迫不及待地试水微商。但是激动之余，微商们可要留神，分辨清楚哪里是可以停驻的小岛，哪里又是暗礁。

其中有三大暗礁让初涉水的微商防不胜防，甚至会因此折戟沉沙。

（1）迷信朋友圈

很多初涉微商的人都存在这样一个认知——只要我努力刷朋友圈，那么我的产品就能轻而易举地卖出去。在这种想法的促使下，大家都迫不及待地暴力刷屏，恨不得让朋友圈堆满自己的产品广告。

这样做其实是单纯把朋友圈当成展示商品的“货架”，没有互动性，只有功利性，不去用情绪、情怀、情感经营自己的朋友圈，即便朋友圈经过你的推广、加人等不断“扩大”，但它是没有“黏性”的，这种一门心思赚钱的行为，只能让你距离成功越来越远。

另外，朋友圈中兜售得产品往往存在“杀熟”的行为。很多微商急功近利，对自己的产品“不了解”“不规范”“不负责”，毫不注重产品的质量、口碑以及售后，在这种行为下，熟人信用无法转换成商业信用。这种行为，更让朋友圈卖货变得举步维艰。

（2）迷信“潮流”

一些微商看别人做什么产品火，就立刻跟进，造成产品同质化现象严重。各家商品差别不是很大怎么办？很多微商不去挖掘用户的深度需求，而是选择“薄利多销”来扩大市场份额。长此以往会怎么样？就会陷入到恶性竞争中去。“薄利多销”反而带不来任何利润，只会让这个行业整体面临严冬。

（3）迷信代理

当“薄利多销”行不通时，一些不动脑筋的微商把主意打到了渠道上，推行代理制。代理制和微商的特性简直大相径庭，要知道微商渠道也要“微”——渠道短而透明。在这种情况下，我们压缩渠道还来不及，怎么能去走代理的路子，把货品积压在自己的手里。

微商的优势是什么？经营好自己的人际关系，而后关系搭桥，产品唱戏。做代理囤货，自身的优势就无法发挥。如果心理素质再低一点，为了清销货品而采取各种手段，就会导致价格失控，盈利空间被大大压缩。

排除这三大暗礁后，微商接下来要做的是借助四大挑战的东风，在微商这条路上越走越好。到底是哪四大挑战呢？

（1）商品质量的挑战

想要在微商这条路上越走越广，优良的产品是必不可少的。作为微商，如果对自己的产品一无所知，或者选择产品时漫不经心，连产品到底是真是假、功能作用如何都不知道，如何营销给别人？

如果商品质量不过关，那么在信息越来越透明化的移动互联网时代，你的商品很快就会曝光，被用户归类为“拒绝往来户”。

另外，很多微商往往用人格为自己的产品“背书”。如果商品质量不过关，那么微商的人格在很长时间内都会蒙上阴影。所以，微商在选择商品时一定要慎之又慎。只有选好产品，才能获得更多的忠实用户。

（2）产品多元化的挑战

上文我们已经介绍过，迷信“潮流”，导致了产品同质化日益严重，大大侵害了微商们的生存空间。面对这样的情况，微商要接受产品多元化的挑战。这里的多元化并非说要我们把店铺变成一个“杂货铺子”，而是侧重那些“小而美”的商品。什么是“小而美”的商品？主要就是那些风格独特和带有差异化特征的产品。

（3）营销的挑战

销售和营销的区别是什么？打个比方，销售好比打猎，用猎枪来射击，射杀的是个体目标；营销是诱捕，诱捕的是整个市场的客户。微商注定要走上营销之路，通过挖掘、打造和分享产品的卖点，最终才能占领市场。

产品的卖点可能是独属于该产品的故事，或者是一个时代人特有的情怀，或产品能让人产生浓厚的归属感等。这些卖点，都会成为微商营销的可行手段。

当然，打造产品卖点只是营销手段之一，还有很多手段我们在下文中会详细介绍，这里不多赘言。

（4）售后服务的挑战

很多微商都发现这样一个问题：商品卖给一个人容易，卖给同一个人两次却不容易。这是为什么呢？我们还是以朋友圈卖货为例，通过朋友圈将商品卖给熟人，我们卖的基本上是交情，是面子。这种关系是弱关系，除非我们后续工作做得非常好，产品售出后，客户还能在我们这里获得相关服务，我们才有可能提高用户黏度，将新客户变成对我们的产品信任有加甚至形成依赖的老客户，进而将老客户变成可以推心置腹的朋友。

面对这种挑战，微商有必要建立自己的客户管理体系，这样能大大提高微商营销的成功率。通过建立客户管理体系，微商能及时发现并迅速满足消费者的相关需求，从而通过更好地将商品同服务连接，达到营销的目的。

1.4 微商，路在何方

2015年，依然是微商蓬勃发展的年份。经历了最初的突飞猛进和蓬勃发展，市场这只无形的大手开始大浪淘沙，将那些不合格的微商不淘汰出局。那么，我们应该如何发展才能立于不败之地？

（1）打造微商团队

双拳难敌四手，好虎架不住群狼，这些典故都在告诉我们团队的力量，做微商自然也不例外。但目前为止，还有很多人都存在这样的认知误区：微商就是个体户。试想一下，即便是一位成功的微商，他能否同时是一位成功的营销大师？能否同时是一位优秀的产品管理者？能否身兼上游厂商？除非他有三头六臂，否则肯定力不从心。这时，微商需要一个团队，以期达到各司其职、优势互补的效果。所以，个体微商组建团队是一条不错的发展途径。

在这方面，企业的优势更得天独厚一些。个体商户单打独斗往往是出于资金、规模、渠道等方面的无奈，而企业本身是拥有团队的，他们只需将团队转移到这边来就可以了。

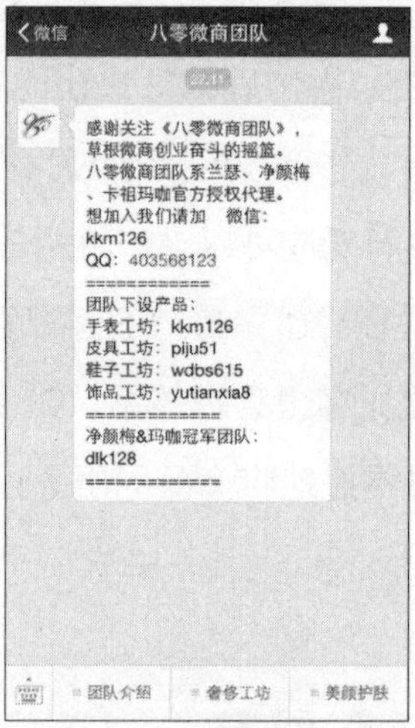

图 1.13　微商团队

（2）打造用户社群

用户社群化的本质非常契合微商。社群，尤其是在移动互联网时代的社群，往往存在相同的兴趣爱好和情感共鸣。从表面上看，社群似乎没有太大的影响力和号召力，但是妙就妙在社群用户和微商的关系——每一个社群用户都能充当微商的代言人。他们发布的体验，就是微商最好的广告。

我们以宝宝树为例。宝宝树是目前中国规模最大也最受关注的育儿网站之一。它旗下的育儿问答、快乐孕期、快乐育儿、乐辣妈等都是实用性非常强的手机软件。在这里，成千上万的准爸爸妈妈或新手爸爸妈妈一起交流感想、分享资源。比如，某位奶爸在此发布了 ×× 牌纸尿裤可以防止婴儿红屁股的帖子，无形之中就为 ×× 牌纸尿裤做了一次可信度非常高的广告。

对于微商而言，这就是社群的威力所在。

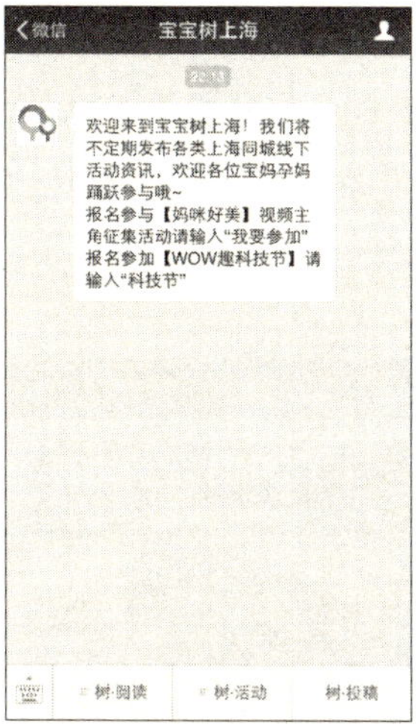

图 1.14　宝宝树网站

（3）打造“微”生态

随着微商发展的局面越来越好，产品肯定会向更深的方向发展，那么“微”生态就会应运而生了。所谓的“微”生态，就是一个完整的商业生态，从用户有购买意向开始，到商家开始发货、物流查询，最后到收货评价，形成一个完整的链条。“微”生态发展得好，那么微商会受益良多。

打个比方，我们是专门卖水果的微商，那么我们可以先在网上发布信息，预售某种水果。该水果将在一个半月内成熟，产量能达到 1000 公斤，那么网络上的需求达到 800 公斤的时候，我们就可以去产地直接下单。这就是打造一种“微”渠道的手段，这样不仅能获得一手货源，同时还能通过采购规模来降低成本。

（4）打造个性产品

打造个性产品，也是微商的一个发展趋势。带有独特风格和差异化特征的产品，将在微商世界中大行其道。如何打造个性产品？我们用三全呆萌粽来举例。

三全呆萌粽上市以来受到了消费者的热捧，尤其是年轻人。为什么呢？首先它的形象很鲜活，是一个憨态可掬的卡通粽子；其次，围绕这只卡通粽子，商家设定了完整的故事背景，在这个背景下，每一只粽子都有了“生命”，有了自己独特的个性。粽子还是那个粽子，但注入个性后便与众不同了。

图 1.15　三全呆萌粽

（5）打造价值营销

再次强调，微商不是简单地在朋友圈里做代购，也不是简单地通过公众号卖货。真正的微商最终会走上一条什么路呢？先经营关系，后内容营销。不管是经营关系还是内容营销，都离不开一点——先为别人创造价值。

大家都知道《美丽俏佳人》吧？这是一个大型美容时尚秀节目，在节目中，很多明星讲述了美容的方法，是无数城市白领喜爱的电视美容杂志。随后，李静又推出《美丽俏佳人》的图书版，为大家讲述美容的具体方法。在介绍各式各样的美容方法之余，润物细无声地推广了相关的化妆品。

这就是价值营销。价值营销颠覆了以往的直接买卖，而是发展成一种先认知、后购买的模式。在这种模式下，用户的黏性将大大增加。

（6）打造品类标准

微商的蓬勃发展会打破一些商品形态的固有壁垒，像一些珠宝首饰、母婴用品等，这些商品不再拘泥于地域，不再局限于品类，只要是受到用户的喜欢或追捧，就有可能成为微商选择的商品。

（7）打造人人营销

微商的巨大价值一步步地得到肯定，预示着全民电商时代的到来。每个人都身兼两职：信息的传播者和信息的接受者。人人营销，也是微商发展的一大方向。

（8）打造线下体验

很多微商认为，只有线上的流量才是王道。其实不然，微商的主要发展趋势是线上线下相结合，走 O2O 之路。我们能通过线上引流，为线下的实体店增加人气；同样，我们也可以通过线下体验，为线上商城招徕顾客。只要做到了线上线下相结合，微商之路才能走得越来越远。

第 2 章

手把手教你开微店

微店也要选址，不同的微店平台有不同的优势；微店也需要装修，从店名的选择到内容的排版都有讲究。这些，作为微商的你都清楚吗？

chapter2

2.1 玩转微商第一步——开微店

如果你想成为微商，那么就从开微店开始吧。接下来，我们以“有赞”（原口袋通）为例介绍一下开微店的相关流程。

（1）登录网站。输入有赞的网址，打开后会出现如下画面。

图 2.1　有赞首页

（2）点击“立即注册，免费开店”，会出现如下界面。

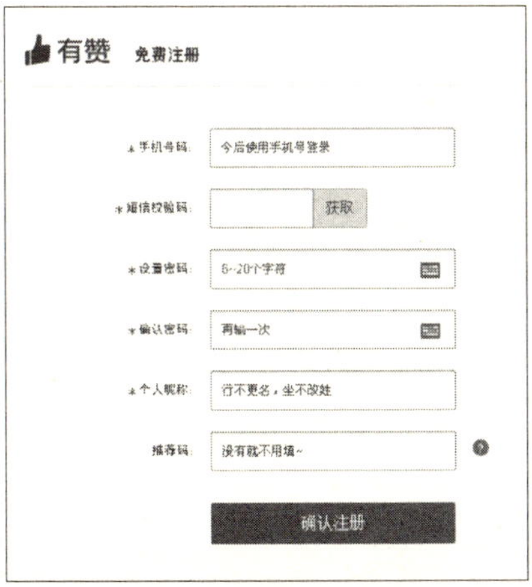

图 2.2　有赞注册页面

（3）按照提示完善信息后，会显示如下界面。

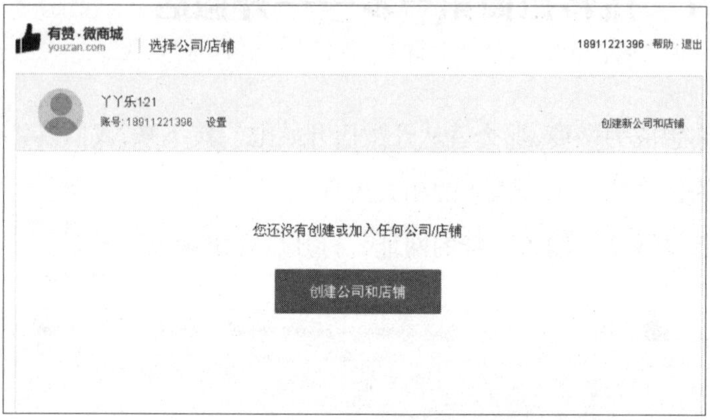

图 2.3　注册完善信息后的页面

（4）点击“创建公司和店铺”，会显示如下界面。

图 2.4　有赞创建公司和店铺页面

（5）按照提示完善信息，阅读并同意“有赞商城代理销售服务和结算协议”后，点击“创建公司和店铺”，接下来就是认证界面。

图 2.5　有赞网店认证页面

（6）我们侧重介绍个人认证。

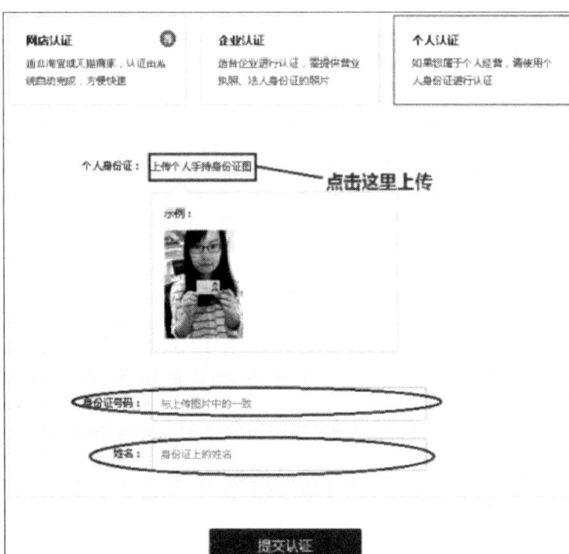

图 2.6　有赞网店个人认证页面

需要注意一点，上传身份证时，一定要上传“个人手持身份证图”。不能遮挡住身份证有效信息，务必使身份证上所有信息清晰可见；建议不化妆，持证人五官要清晰可见。

将上述信息提交后，点击认证。经过审核后，有赞（原口袋通）会发短信提示，接下来就可以上传产品，微店开张。

2.2 微店也要“选址”

开微店也要“选址”？当然。现在能开微店的平台很多，比如京东微店、易米微店、口袋微店等，而且每款平台都有其各自的优势。我们要结合自身的情况，为我们的微店选址。

2.2.1 京东微店

京东作为老牌电商，是电商中的佼佼者。当它将目光投向移动互联网时，会带来哪些变化呢？让我们看看京东微店都有哪些优势和劣势。

（1）优势

第一，京东微店作为一个微店平台，它拥有微信和手机 QQ 两大入口，所以在流量方面比较占优势。

第二，京东微店给予商家一定的支持，主要包括两方面：一方面，给予商家一定的流量支持；另一方面，给予商家一定的广告补贴。

第三，作为老牌电商，京东微店能帮助微商建立一定的信誉度，更方便商家获得粉丝。

第四，入驻和运营的门槛比较低。

第五，京东微店的支付方式比较丰富，目前支持四种支付方式：微信支付、京东网银、货到付款和 QQ 钱包。

第六，京东微店推行的店铺装修工具也相对比较丰富，可以一键装修，更省时省力。

（2）劣势

京东微店初期只向 POP 平台的第三方商家开放，这意味着京东微店还是存在着一定的门槛。同时，京东微店的营销和微信紧紧地捆绑在一起。要知道微信本身是一个封闭的交易系统，和外界的社会化媒体关联并不是很大。对于还没有精准定位好自己客户的试水微商来说，京东微店不是最好的选择。

图 2.7　京东微店

2.2.2　易米微店

易米微店曾经是微店的引领者，那么易米微店的优势和劣势又有哪些？

（1）优势

第一，易米微店的营销功能比较强大。

第二，用户体验好，不管是开店还是营销甚至活动报名，完全都能在微店手机客户端操作，实现一键开店。

第三，易米微店真正做到了零门槛，不管有没有货源，都能利用易米微店的市场代理功能。

第四，易米微店还积极地为微商进行导流，帮助微商建立营销渠道、铺设营销网络。

对于中小微商来说，易米微店是不错的选择。

（2）劣势

平台页面比较简单。

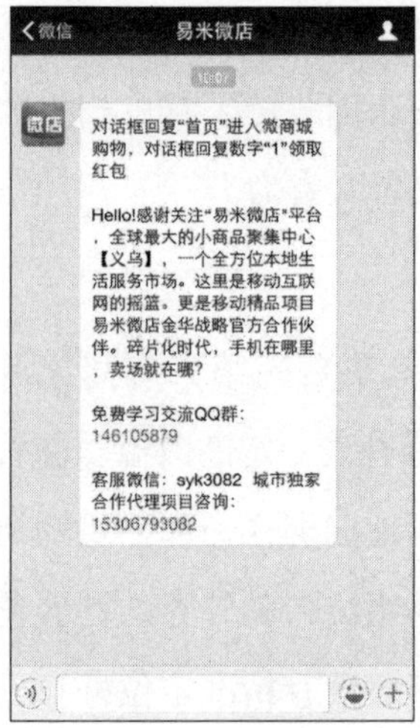

图 2.8 易米微店

2.2.3 有赞微店

前面讲过口袋通现在已经更名为有赞，那么有赞有哪些值得点赞的优势呢?

（1）优势

第一，有赞微店不仅帮助微商搭建一个移动端的微店，同时还帮助微商管理各个平台的粉丝。

第二，有赞微店是免费的，真正做到了零门槛。

第三，有赞微店没有技术壁垒，而且支付系统也很完善。

第四，有赞微店注重对微商的导流。

对于已经拥有网店的微商而言，这儿是不错的选择。

（2）劣势

有赞微店导流还是侧重于规模较大的微商，而且微商必须是正规商家，微信号必须是服务号。

图 2.9 有赞微店

2.2.4 开旺铺

开旺铺算是老牌的移动电商了，可是市场就是这样残酷，并不会因为你资格老就会永远立于不败之地。我们来看一下开旺铺有哪些优点和劣势。

（1）优势

第一，页面非常漂亮，具有一定的视觉冲击力。

第二，选择开旺铺作为平台的微商，不仅能通过手机管理店铺，还能通过电脑管理店铺。

第三，开旺铺的官方提供移动商城的解决方案。

开旺铺特别适合供应商、厂家等上游企业，因为使用开旺铺，完全能让其他人帮你代销产品。

（2）劣势

对技术方面有些要求，偶尔在操作上会出现小问题。

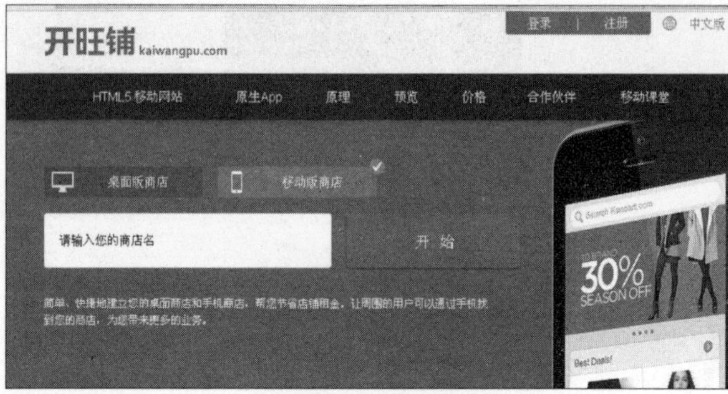

图 2.10　开旺铺

2.2.5　微信小店

相比较而言，微信小店更像是“正牌军”，那么微信小店都有哪些优势和劣势呢？

（1）优势

微信小店功能比较齐全，不管你是要使用接口批量添加商品、快速开店，还是要添加商品、进行商品管理和货架管理乃至维权，都可以办到。

（2）劣势

门槛比较高，必须是经过微信认证、已经接入微信支付的服务号，才可以在服务中心申请开通微信小店的功能。这意味着微信小店只能用微信来支付，并且开通微信支付需要交纳 2 万元的保证金。

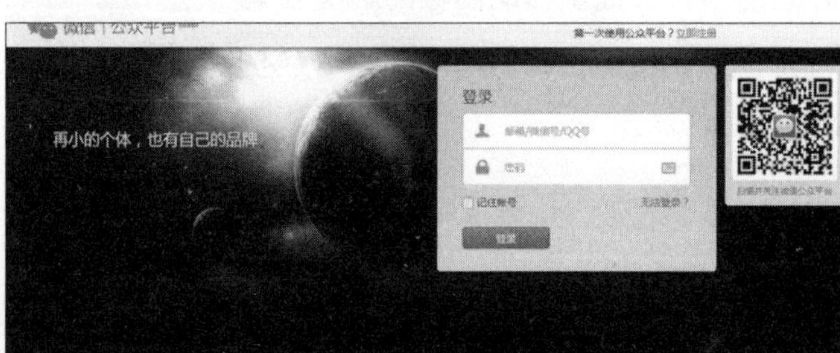

图 2.11　微信小店

2.3 微店精装修，做好形象建设

2.3.1 选好店名，一“名”惊人

找好平台，我们的微店就能开业大吉了？稍安勿躁，在这之前，你还要给微店起一个响亮的名字。如果我们的店名不仅具有一定的文化内涵，还有一定的宣传效果，那么就能达到一“名”惊人的效果。

那么如何给微店起名呢？

（1）单刀直入法

所谓的单刀直入法，就是直接用微商销售的产品或服务作为微店名。

图 2.12 单刀直入法

（2）侧重功能法

微店名着重展示微商所销售产品的用途，借以让用户更直观地了解你所提供的产品。

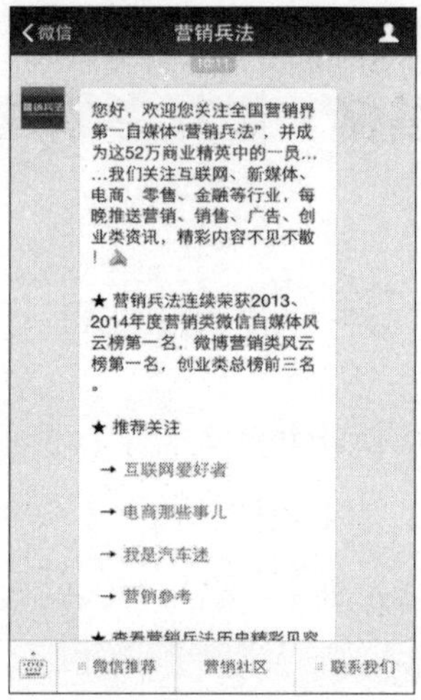

图 2.13　侧重功能法

（3）形象取名法

微商将自身提供的产品或服务形象化，采取拟人、比喻等手段，让抽象的事物变得更具体，让客户感受更加直观。

图 2.14　形象取名法

（4）问题式取名法

微商可以选择将某个问题作为自己的名称，这种名称的好处是一目了然，能十分精准地吸引目标用户。

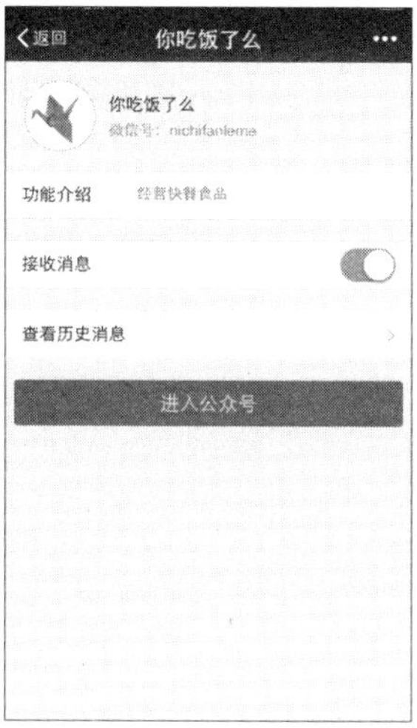

图 2.15　问题式取名法

（5）个性取名法

微商取名可以侧重个性，任何新鲜有趣、好玩有料的内容都可以成为我们的名字。

取名方法有很多，我们只是抛砖引玉，微商可以结合自身所提供的产品以及服务，因地制宜地为自己的微店取一个响亮的名字。

图 2.16　个性取名法

2.3.2 音乐搭视频，让微店更吸引人

幽怨的音乐让人闷闷不乐，欢快的音乐能让人喜气洋洋，动感的音乐能让人朝气蓬勃……微商在“装修”微店时，便可以利用音乐的这种特性，打造一个舒适良好的购物环境。

但是，我们在这里强调一点，并不是随意地增加自己喜欢的音乐就可以了，微店增设音乐是有一定技巧的。

（1）音乐和商品要配

比如微店经营的主要是檀香手链，如果我们选择摇滚乐作为背景音乐，是不是就非常不搭？所以，一定要根据自己的商品选择合适的音乐。如果微店经营的是图书，可以选择一些舒缓的古典曲目；如果微店经营的是民族首饰，那么欢快的民乐更适合你；如果微店经营的是时尚服装，那么当下流行的歌曲能帮你加分。

（2）音乐不必有头有尾

当你经过步行街的时候有没有这样的体验：店铺竞相播放嘈杂的音乐，一家比一家声音大，让人完全丧失了购物的欲望，只想赶紧逃离这里。微商也是同样，如果一味地播放音乐，往往使人产生一定的听觉疲劳，甚至影响到购物体验。所以，微商在增加背景音乐的时候不必有头有尾，选择最应景的那一部分即可。同时，最好在微店里说明，如果不喜欢背景音乐，完全可以直接关闭，让选择权掌握在客户手里。

（3）音乐和时节巧搭配

背景音乐要和时节巧妙搭配，比如春节可以放喜气洋洋的曲子，让人心情愉悦；中秋的时候可以放一些抒情的钢琴曲，让人不由想到“天涯共此时，千里共婵娟”；情人节可以放一些经典爱情曲目，让人感受到爱情的甜蜜……

（4）音乐和宣传巧搭配

微店的背景音乐完全可以自己录制，将微店的宗旨、商品、服务等巧妙地嵌入其中，在播放音乐的同时还能达到宣传的目的，一举两得。

增加一段音乐，能让微店更加吸引人；若是再增加一段视频，就更生动活泼了。那么，我们都能在微店内增加哪些视频呢？

（1）幽默视频

幽默视频能增强微店的吸引力。压力如此大的今天，幽默是调节人身心的良药，通过幽默视频，我们可以大大提升在客户心中的好感度。

（2）功能介绍视频

通过功能介绍视频，能让微店中的商品展示更加立体，大大增加微店内商品的可信度和说服力。

通过音乐加视频的方法，能让我们的微店更有个性，更容易从林林总总的微店中脱颖而出。

2.3.3 内容编排好，绝不慌手脚

我们在前文中说过，要给微商提供的商品或者服务加一点温暖、加一点情怀、加一点个性。说起来容易，具体要怎么加？

（1）简单才是硬道理

现在是一个碎片化阅读的时代，人们没有大把的时间一字一句看你的介绍，这个道理不管是在实体店还是微店都是通用的。微商务必要保持语言的简单、功能的简单、界面的简单。只有简单明了的语言才能让客户在最短时间内获得最多的信息，只有简单明了的功能才能让客户在最短时间内学习如何操作，只有简单明了的界面才能让客户将注意力放在需要关注的商品上。

（2）原创才是王道

为了招徕更多的粉丝，微商肯定少不了发布各式各样的软文。可有的微

商不愿意动脑筋，直接对软文奉行“拿来主义”。这怎么行？李杜诗篇万古传，至今已觉不新鲜，何况是那些已经被转载无数次、人们都已经视觉疲劳的软文？所以，微商一定要记住，原创才是王道。

在这里，我们重新定义一下原创。是不是自己亲手写的一定是原创？从理论上说是没错。但如果你亲手写的内容，依然沿袭了别人的选材、观点、角度，即便你写得非常详尽，也很难博得眼球，因为这样的软文会给人似曾相识的感觉。所以，一定要多尝试不同的角度，选择不同的题材，亮出独有的观点。

（3）价值为王

大多数微商并不是名人，客户不会关心你早晨吃了什么、中午买了什么、晚上去哪玩了……所以，我们在“装修”时，要杜绝发布这些流水账的内容。客户们关心的是对他们有价值的内容。

（4）真实最打动人

很多微商培训师都告诉微商，我们卖的不是商品，我们卖的是故事。知易行难，到底客户喜欢什么样的故事？是不是直接从网上照搬一个故事，客户就买账？当然不是，与其说打动客户的是故事，倒不如说打动客户的是情感的共鸣。我们的故事，不见得非得是亲身经历的，但是一定要是有血有肉的饱满故事，最起码它得是真实的。

（5）图表最直观

相比较而言，很多人更喜欢能一目了然的图表，而不是冗长复杂的文字。图表要包括什么呢？可以做该商品横向纵向的比较、商品的发展趋势、商品的各项指标数据等。通过简单明了的图表，能让客户对你的商品有一个更加直观的了解。同时，运用图表能给人一个小小的心理暗示——发布图表的微商一定很专业。

通过这些装修方法，我们的微店会更吸引人。

2.4 订单管理和售后服务

客户浏览了我们的微店后有了购买意愿，是通过什么体现出来的呢？当然是订单。面对订单，我们该如何管理呢？当完成交易后，我们又该如何做才能增加“粉丝”的黏性呢？

（1）待处理订单

待处理订单是买家已经付款的订单，对于这种订单，我们要做的就是及时通知对方订单已处理，并感谢卖家的信任，同时承诺尽快发货。

接下来，我们要选择一家信誉良好的快递公司，保证我们的商品在运输过程中不会损坏，而且以最快的时间送达客户手中。绝对不能因为节省快递费而选择一些不正规的快递公司，以免影响用户的购物体验。

我们再强调一次，微商卖的不是商品，而是一种感情、一种温暖、一种情怀。那么这种感情、情怀、温暖该如何体现？应该体现在每一个细节里。所以客户订购的货物，我们一定要进行精心的包装，让客户感受到我们满满的情意。包装中也可以增加一些小礼物，礼物价值多少不重要，重要的是微商的这份情意。当然，千万别忘了在包装上打印上你的微店二维码。

（2）未付款订单

很多微商存在这样的认知误区：只有已付款订单才需要自己投入精力去关注，而未付款订单是可以不用去理会的。这是错误的！要知道，每一笔未付款订单的背后，都存在着一位潜在客户。尤其是那些已经完整填入信息的未付款订单，充分说明买家有很强烈的购买意愿，只是不知道具体哪个环节出现了问题。也许是他们对支付方式一头雾水，也可能是他们对产品的某一方面存在某些顾虑，甚至只是因为发生了什么事而把订单给忘了……

面对这种情况，我们需要及时地跟对方联系，询问对方有什么具体问题，或者对商品存在哪些方面的疑惑，尽可能耐心、细心地答疑解惑，努力促成交易。这样做，即使不能促成交易，对于增加客户的好感度也是非常有帮助的。

（3）已完成订单

怎么提升粉丝黏性？这是很多微商关注的话题。其实通过已完成订单，也能提升粉丝黏性。对待已完成订单，微商要做到及时追踪商品信息，第一时间将物流情况告知客户，比如将物流情况截图发给客户。微商毕竟是新生事物，很多人对微商心存疑虑。如果我们能第一时间告诉客户物流信息，不仅能打消客户的疑虑，同时还能打造负责、认真、专业的形象，何乐而不为？

（4）管理订单

相比较而言，微商比传统商家更需要精准的定位以及投放，所以管理订单非常必要。我们可以一键导出订单，而后详细地分析各个客户的信息，而后做出判断——客户喜欢什么样的商品？喜欢什么样的服务？他们对什么最关注？对什么最不满意？通过这些分析判断，我们就能掌握基本的客户信息，当我们有新品上市的时候，便可以分门别类地进行精准投放。

（5）售后服务

微商做的可不是一锤子买卖，营销不能随着订单的完成而结束。恰恰相反，订单完成后会开始新的营销。故而，微商一定要注意售后的相关事宜。

一般售后会遇到哪些问题呢？比较普遍的是质量问题，商品质量问题是硬伤，一旦遭遇这种问题，要第一时间道歉，并无偿地进行货物更换或退款。另外一个问题是包邮问题。微商目前还在不断完善之中，微店的运费设置可能还没有淘宝、京东这些老牌电商完善。为了吸引新客户，建议微商选择包邮。当然，可以设置一定的门槛，订单达到一定额度才包邮。

第3章

思维至上，给微店正确导航

正确的思维，可以帮助我们选择正确的行动路线。错误的思维，会将我们带入泥淖。现在，我们来看看哪些思维会带我们走入陷阱，哪些思维会带我们走上康庄大道。

chapter3

3.1 爬出刻板的思维陷阱

3.1.1 信息轰炸 = 销量？

“韩国正品 BB 霜，专柜价 500 元，代购价 270 元，机不可失！”

“现货抢购，爱马仕同款皮包，友情价 770 元！”

“代购印尼燕窝，绝对正品噢！”

……

越来越多人的朋友圈，正每天遭受着这种 360 度无死角的信息轰炸。可是信息轰炸带来的不是大宗的交易，而是朋友们的“忍无可忍”，他们纷纷表示要将其“拉黑”，可微商们却依然我行我素，这到底是怎么一回事？

很简单，这些微商已经陷入一种思维误区，他们认为通过信息轰炸，就能够让客户和生意伙伴接受自己的信息，进而带来交易成功的可能。殊不知，这种做法让你的朋友们认识到一点，那就是你将你和他之间的关系定位成交易关系，这样你距离被“拉黑”就没多远了。

说到这里，肯定有很多微商一筹莫展：不信息轰炸，销量从哪里来呢？其实我们完全可以转换思维，用广告暗示来取代信息轰炸。

什么是广告暗示？广告暗示是指用间接、含蓄的方式向公众传递思想、观念、意见等信息，来达到宣传商品、服务等目的。

广告暗示的好处在哪里？它能消除公众的对抗心理，不战而屈人之兵，让公众在不知不觉间受到影响。

我们用乐从雅居乐花园举例。他们曾在微信上发布了“一个姓氏，一句房话”，巧妙将姓氏和买房的种种“痛”与“乐”结合起来，为大家展示一个人情味十足的地产项目。

图 3.1　乐从雅居发布的楼盘广告

即便不用信息轰炸，这组广告也能深入人心。首先，它极富趣味性；其次，能引起客户的情感共鸣；最后，它将产品优势巧妙植入。这样大大地降低了客户的腻烦心理，同时也增强了他们对商家的信任度。

所以，不要呆板地在信息轰炸和销量之间画等号，不如用广告暗示的方法取代信息轰炸。

3.1.2　推送 = 销量？

有些微商认为，人在家中忙推送，销量自然上门来。推送重要吗？当然。但推送等于销量吗？未必！即使微商的身影频繁出现在各个推送平台上，即使微商将商品的优点介绍得淋漓尽致，可客户未必买账，甚至对你的“自说自话”产生怀疑和厌烦，这是为什么？

这便是微商陷入思维误区，认为只要推送就可以有生意上门的后果！推送，只是让“粉丝”关注你；互动，才能让“粉丝”爱上你。只有互动，才能让他们觉得自身得到了足够的重视；只有互动，才能让提升他们的满意度；只有互动，才能让“粉丝”开始对你的产品感兴趣。

小米就特别注重和用户之间的互动。

为了及时响应客户，小米微信专门开发了一个技术后台，可以设置人工回复关键字、回复范本，以加强用户管理，并支持搜索。只要留言中出现“订单”之类的字眼，系统就会将其分配给人工客服，以便进行一对一的回复。

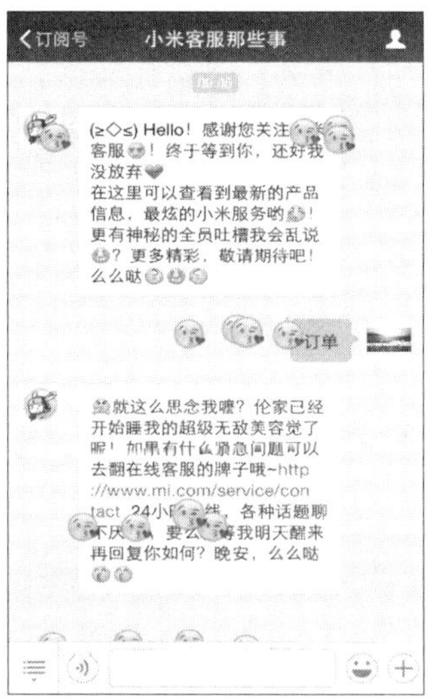

图3.2　小米客服

小米这样做，会让客户觉得自己是重要的，提升了对小米的满意度。通过这种互动，小米的口碑越来越好。

那么我们又该怎么做？

（1）发布用户最关心的话题

停止自说自话，去收集用户最关注的问题，然后发布，这样才能真正地找到对我们感兴趣的用户。鸡蛋从内向外打开才是生命，从外向内打开只是鸡蛋。只有找到从内向外真正对我们感兴趣的“粉丝”，微商才能走得更远。

（2）及时回复用户的评论

用户评价你的商品，说明他们真正使用了你的商品。这时，你要非常及时地给予用户回复。这样不仅能体现你对用户的重视，同时也能为用户答疑解惑，打消用户对产品的疑虑。

（3）永无止境地服务

就像是平淡的生活偶尔需要调剂一样，我们也需要给客户偶尔的惊喜和刺激。经过一段时间的磨合，可能微商和客户之间的关系就像是“老夫老妻”一样，这个时候就需要活动来调剂。尽量让每次活动都不一样，带给他们足够的新鲜感，这样不仅能让老客户继续对我们死心塌地，还能让新客户对我们燃起“爱火”。

3.1.3　粉丝数量＝销量？

很多微商每天都在不遗余力地加QQ群、加微信群，手中的粉丝数量很多，这时微商便志得意满地坐等订单上门。理想很丰满，现实很骨感，粉丝数量很惊人，却大多是“僵尸粉”。即便你不断地对他们说“我的商品最好，我的商品最棒”，他们也无动于衷。

什么样的粉丝才是准客户？普通粉丝不行，得是“钢丝”。“钢丝”来源于粉丝，但是黏性却比普通粉丝高得多。他们会将购买你的产品当成一种习惯，甚至不太在乎价格，愿意和你一同成长。

看到这里，想必大家更关心的是怎么才能让粉丝变“钢丝”。用比较流行的“自明星”战略是很好的方法，也就是让我们个人对粉丝产生吸引力，用自身的魅力作为吸引粉丝的工具。

用“自明星”的方式吸引粉丝的代表人物，莫过于水王星的刘志奇。他选择用微信直播创业，将自己的理念、产品、财务数据都展示给粉丝看，让粉丝看到了他的严谨、认真，看到了他在创业道路上如何脚踏实地地走。这些粉丝逐渐变成了“钢丝”，肯定刘志奇的同时，也肯定了水王星。

既然“自明星”对于吸引粉丝这么有效，我们又该如何做？

（1）个性标签

想成为“自明星”，第一步就是为自己贴上独特的标签。渴望成为“自明星”的人太多了，但成功的却很少，就是因为他们采用的手段没有新意、缺少个性。

（2）内容原创

很多微商都知道原创的内容更吸引人，但可能是因为抄袭和照搬更省事的缘故，他们总是不厌其烦地反复借用一些已经炖得没味的“心灵鸡汤”。一个成功的微商，绝对不能因为省事或者偷懒而放弃原创。因为原创故事最能打动人，即便它不够华丽。

（3）借力打力

有这样一个段子：一个聪明的老人想让自己的儿子娶大富翁的女儿，但他的儿子一无所有，怎么办呢？老人先找到大富翁，对他说：“你愿意让你的女儿嫁给一家大公司的CEO吗？”大富翁表示可以考虑。然后老人又找到一家大公司的负责人，对他说：“你愿意让大富翁的女婿成为你们公司的CEO吗？”公司负责人也表示可以考虑。就这样，大富翁和大公司负责人为彼此背书，老人的儿子从中受益。

从这个段子中我们得到了什么启示？没错，借力打力。我们可以充分利用与明星或者行业大咖的关系，借势来提高自己的名声和权威性，从而将我们的粉丝变成“钢丝”。

3.2　互动思维

在以前，能让我们为之瞩目的往往是一些明星、名人。现在这种情况发生了变化，不管你是技能传播派，还是言论中肯派，不管你是生活分享派，还是时事点评派，只要你有闪光点，大家就会关注你。

但是，关注只是一时。想要将这些关注的目光黏住，甚至让对方为此而埋单，就不是那么容易的事情了。想让自己的热度永不降温，微商就要具备互动思维。

微营销就好比谈恋爱。微商要爱上客户，也让客户爱上自己。相爱里的这个“相”字，就是相互的意思。彼此沟通，有来有往，这才是恋爱的前提。现实生活里，谁也不是皮格马利翁，会爱上冷冰冰的雕塑。

互动思维，是微商成功的必备思维。我们在第 1 章的时候就介绍过微商的概念：微商是一种出现在移动互联网时代，根植于社交化软件的电商模式。为什么要根植于社交化软件？就是因为微商营销的不是商品，而是关系。

想要发展关系，就必须要互动，让我们看一下长安汽车是怎么做的。

世界杯期间，全世界的球迷都在为球赛欢呼呐喊。长安汽车借着世界杯的东风，在微博、微信等平台上，举办了“感恩大回馈，逸动带回家”系列促销活动。活动期间，网友只要参与到长安汽车的活动中，通过竞猜，就有机会获得高档儿童座椅、行车记录仪等奖品。这次活动吸引了大量网友，营销大获成功。

图 3.3　长安汽车有奖促销

为什么长安汽车此次促销能取得很好的效果？第一，它借势世界杯，利用球迷的“同理心”，把他们聚焦在一起，形成一个微社群；第二，它积极地和微社群成员进行互动；第三，它提供的奖品定位非常精准，不管是高档儿童座椅还是行车记录仪，都是爱车一族需要配备的。通过这三点，不仅找到了精准粉丝，还能进行精准的产品广告投放，最后再和消费者进行互动，一环套一环，达到了营销的目的。

那么微商在互动过程中该注意哪些问题呢？

（1）拒绝长篇大论，欢迎短小精悍

很多人厌烦长篇大论，厌烦的原因无外乎一点：内容太长，没有时间和耐心去看。现在是碎片化阅读的时代，微商提供的内容如果不能在第一时间吸引客户注意力的话，那么就很难让客户驻足。我们需要将内容不断精简，尽量只保留最核心的内容，只有这样，客户们才愿意为我们停留。

（2）拒绝大张旗鼓，欢迎润物无声

做微商，要保持一种稳中求进的心态，切勿急功近利。在和粉丝互动的时候，千万别三句不离交易。同样，不要将推广的内容当成移动广告板，这样会让客户觉得厌烦。拒绝大张旗鼓，而是要润物细无声，要将产品的内涵巧妙地嵌入到推送内容中去，最大程度地减少客户的排斥心理，这样才能为

后续的互动打好基础。

(3) 拒绝泛泛，欢迎聚焦

当有客户愿意为我们停留时，我们要做的不是闷声发广告，而是主动发声。我们的发声一定要有亮点，里面的内容要充分吸引客户的注意。有的微商倒是知道互动的重要性，但是选择的互动内容没有亮点，和白开水一样平淡，试想，哪个客户愿意浪费时间和你讨论今天的天气？我们在和客户互动时，一定要聚焦互动内容，最好选择当下最热门的话题，而且要亮出自己的观点，找到独特的视角，充分引起客户的兴趣。

(4) 拒绝“貌合神离”，欢迎“洞若观火”

客户的内心宛如一座巨大的冰山，而我们要做的是通过观察冰山的一角窥伺到整个冰山的全貌。就像人们经常说的，我买的不是汽车，而是速度和快捷；我买的不是化妆品，而是“美”和“自信”；我买的不是房，而是“归属感”和“家”……对于客户，我们必须透过现象看本质，只有这样，我们才知道他们真正需要的是什么，才能顺利地就他们关注的话题展开互动。

(5) 拒绝置身事外，欢迎参与进来

还有一个非常简单的方法，能让客户和我们进行互动。在商品的设计阶段，可以让客户做我们的“设计师”，让他们提出对商品的期望；等到商品面世，可以让他们做我们的“鉴定师”，对商品进行检验，看商品是否能满足他们的需求。要知道，商品最终还是由客户使用的。所以，客户对这种自己参与设计制造的产品充满了感情。客户对产品有了感情，还害怕产品营销不出去吗？当年现代汽车的旗舰车型进入中国市场时，缺少一个响当当的中文名字。为此，北京现代发起了“给我一个靓名，送你一部靓车”的活动。最后，“伊兰特”这个名字中选，推荐者便获得了一部“伊兰特”，这是典型的用“欢迎参与”的方法进行营销。而微营销，只不过是将方法的使用环境变化一下而已。

（6）拒绝平庸，欢迎个性

“微”时代，大规模生产和批量经营正在受到强烈的冲击。作为崇尚个性、标榜与众不同的微商，我们要不断地和客户沟通，为对方“量体裁衣”。这样，不仅让客户能获得满足自己独特需要的商品，同时也极大地带动了客户的互动性，增加了客户的黏性，便于二次销售。

总而言之，微商想要在“微”时代中立于不败之地，绝对不能缺少互动思维。

3.3 播传思维

在讲播传思维之前，先给大家讲一个“老”故事。数学家因发明了某种棋盘将获得国王的奖励，国王问数学家想要什么？数学家说：“这个棋盘上一共有 64 个格子，在第一个格子里放 1 粒麦子，第二个格子里放 2 粒，第三个格子里放 4 粒……每个格子中放的麦粒数都是前一个格子的 2 倍，直到 64 个格子放满。”国王如他所愿，却发现麦子的数量越来越多，多到即便用尽整个国库的麦子，也满足不了数学家的要求。

为什么说这个是“老”故事？因为它经常被我们提起；为什么要用这个“老”故事？因为它和我们“微”时代的播传思维有相近之处。

播传思维，就是当我们推广传播了一条消息后，它会自动地像长了翅膀似的去传播，带着裂变的动力。这种推广，绝对不同于传统的传播。我们熟悉的传播，属于比较被动的推一下传一下，不推就终止。传播是过去的思维，播传是现在的思维。

假如我们的信息受众就像是棋盘上的麦子那样，经过不断地播传，熟知的人越来越多，这样产品还愁销路吗？

有人会问："那些大品牌有自己得天独厚的传播渠道，像我们这种个体微商，是不是就无法利用播传思维？"

当然不是，只要方法得当，我们同样也可以利用播传思维为自己做推广。

（1）知己知彼，百战不殆

在我们利用播传思维时，首先要明确我们的客户类型，比如他们的年龄、性别、爱好、消费习惯以及受教育程度等。要知道，男客户和女客户的关注点不同，老人和青年的关注点也不同。除此之外，还要对客户所处的阶段进行区分，他们是第一次接触这种产品还是已经接触过这种产品？只有给客户清晰准确的定位，才能因地制宜地选取不同的播传方法。

初次接触的客户，他们更看重的是产品或服务的质量，以及和同类产品相比有何优势。如果我们能从这方面入手打消他们的疑虑，那么我们就能赢得订单。

（2）打入客户群内部

我们经常在社交软件上看到类似心灵鸡汤的软文式广告，或者是将功效扩大了无数倍的虚假广告，抑或是简单粗暴地直接宣扬"某某产品就是好啊"的低俗广告。客户对这样的广告基本采取忽略的态度，不仅如此，因为这样的广告往往遍地撒网，经常出现在客户登录的社交平台上，因此还引起不少客户的厌烦。

这个时候，我们要做的就是打入客户群内部，让客户们自动自发地为我们说好话。很多人在网购的时候会提前看一下用户评价，他们不关心商家如何说，更关心的是处于同一阵营的"盟友"们如何说。如果我们能充分利用这点，那么产品播传起来会很快。当然，千万别走旁门左道，想通过刷好评等手段来达到目的。之所以第一点的时候强调了口碑的重要，就是提醒微商注意，千万别用欺骗的手段来营销。要知道播传不仅能让好的口碑迅速传开，坏的同样如此。

（3）铁杆粉丝的养成

微商也要培养自己的铁杆粉丝。为什么呢？答案很简单，铁杆粉丝会成为你播传的中坚力量。

别小看他们的一次次点赞、评论、转发，这都是无形的广告。每一部智能手机后，都是一个鲜活的人。他们有自己的工作和生活圈子，他们的圈子里也有人在关注着他们。他们的每一次评价、点赞、转发，都是在为你做广告，而且是别人十分信任的广告。

利用产品的口碑来培养铁杆粉丝，同时让铁杆粉丝播传产品信息，这样良性循环就建立了。

（4）社群的组建

当我们的铁杆粉丝发展到了一定数量，就可以组建社群了。社群成员有一个共同点，那就是对我们的产品、服务以及品牌有浓厚的感情。正是因为如此，当社群成员交流时，产品是他们离不开的内容。无形之中，铁杆粉丝的黏性又能更上一层楼。

组建社群之后不代表万事大吉，我们需要用活动、话题、促销等方式不断地为社群成员创造资源，以维护社群黏性。同时，我们还要在社群内部找到活跃的“明星”，通过他们的追随者、朋友、社交圈子，来不断提升社群的吸引力，不断增加铁杆粉丝的数量。

以上四种方式，可以递进使用，也可以并列进行。

3.4 碎片化思维

很多人认为碎片化是移动互联网时代独有的现象，其实不然，古代也有时间碎片化的情况了，像王安石、欧阳修等人，不仅可以定邦安天下，而且还利用了马上、枕上、厕上的碎片化时间，写出了大量优美的诗文，进而名列唐宋八大家。

今天，碎片化现象就更常见了。坐地铁时，拿着手机刷微博微信；乘公交时，拿着手机看视频短片；去医院挂号排队时，拿着手机购物；逛街时，用手机预订电影票和餐厅座位……感谢移动互联网，让我们随时随地能获取各式各样的信息。

如果是一线城市的年轻人，他们的时间会呈现怎样的碎片化呢？

首先，每天要贡献一两个小时在交通上；其次，不管是吃饭还是乘电梯，总少不了排队，每天花费在无谓等候上的时间将近半个小时；再次，每日都离不开的洗漱、上厕所也有大半个小时；最后，还有几分钟到几小时不等的大脑放空的发呆时间。

我们将碎片化的时间集中在一起，就有将近 4 个小时。微商该如何利用这些碎片化时间？我们先来看看闻康集团是怎么做的。

进入“微”时代，闻康集团开始用数据服务用户。他们将已有的资源如医院、医生、病例、药品、器械等整合起来，建立起一个适合“微”时代发展的综合智能系统。不管用户是预约专家还是寻找医院，不管是在线寻医问药还是搜索疾病的相关症状，都可以在闻康集团设立的微信服务平台上找到相关服务。同时，他们推出私人定制的健康服务平台，针对客户的不同兴趣，制定他们感兴趣的方案：老年人在这里能找到中医养生之道，爱美的都市白领可能更青睐减肥计划，准妈妈们会选择孕期知识……不仅如此，它还推出了组合拳，健康男性频道、健康母婴频道等协同作战，精准出击。

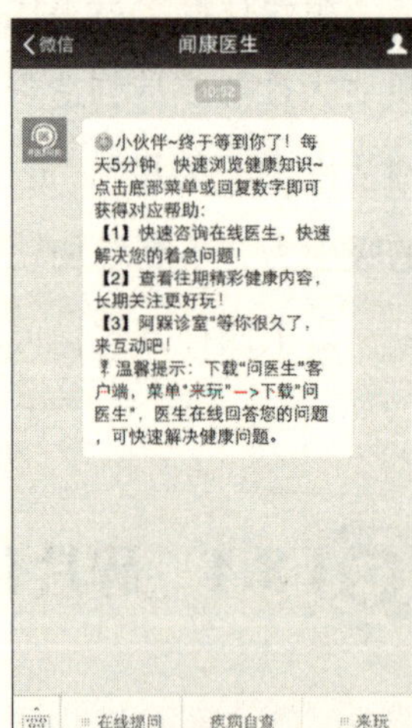

图 3.4　闻康集团推出的 App

闻康集团便是充分利用了碎片化思维，推给客户的每一条碎片化信息都针对客户的个性化需求。客户所看到的闻康集团推出的信息可能是零碎的、不系统的，但是闻康集团便是利用这些零碎的、不系统的信息，完美植入了企业和品牌的完整信息。当这些碎片化信息进入到客户的脑海中，会进行再度组合，让客户对闻康集团形成一个比较完整的印象。

我们又该如何利用碎片化思维，让准客户们在碎片化时间内选择我们的内容，并快速喜欢上我们的内容？

（1）碎片化思维下的产品定位

目前，客户需求呈现越来越个性化的趋势。微商如果单纯地跟在客户屁股后面跑显然已经不够，而是要积极地引导客户需求。

在诺基亚最为辉煌的 2009 年，它一共推出了 80 款手机，几乎涵盖了手机的各种卖点。不管客户用来娱乐还是有商务需求，不管是拿手机当游戏机还是当音乐播放器，诺基亚都能满足。可是诺基亚现在如何了？要知道，进入到“微”时代的用户，他们的生活早已经被割裂成空间和时间的碎片，而诺基亚没有意识到这一点，最终落了个黯然退场的结局。

我们绝对不能重蹈覆辙，要注意分析客户关注的碎片信息，做好产品定位，推出客户需要的产品或服务。

（2）碎片化思维下的渠道定位

在碎片化思维下，微商们该如何定位自己的渠道？难道还像传统一样，强调“无快不胜”？卖食品的微商还要找食品经销商，卖服饰的还要找服装批发商？如果你这么想，说明你还没有摆脱传统营销的影响，你的思维还不适应“微”时代。打个比方，客户们在碎片化时间浏览卖苹果醋的微商的信息，但是苹果醋的口感可能微微酸涩，有的客户需要微甜的口味来中和，那么微商要不要提供蜂蜜类的商品信息？客户购买苹果醋的目的很有可能是减肥，那么微商要不要提供减肥类产品的相关信息？千万别在考虑单一渠道和专属渠道了，那是传统的手段。碎片化的思维要求微商们改变自己的渠道管理方式，谋求差异化、多元化的渠道。

（3）碎片化思维下的营销定位

在碎片化思维的影响下，很多人的注意力很难长时间集中在某一处。所以，微商一定要提高营销的精准度，才能以更低的代价和更小的风险获得更好的营销效果。

我们在这里举个例子，就是搜索引擎营销。微商们要学会利用搜索引擎，为什么呢？因为搜索引擎营销能通过客户的搜索行为，来捕捉客户的消费心理和消费行为。知晓客户的消费心理和消费行为后，微商就可以有针对性地满足这两点要求，成交就水到渠成了。

目前可能是微商发展的最好时代之一。为什么这么说？因为各种工具和平台层出不穷，只要微商善于利用这些平台和工具，准确地进行市场细分，就能明白消费者的需求定位。在搞清楚这两点的基础上，找到符合自己产品定位的客户，而后接触他们，整个营销过程便已经完成大半了。

（4）碎片化思维下的服务

碎片化阅读的特点，就是客户们的关注点非常无序，所以分配给每个微商的时间都是零碎的。这个时候，微商就必须开始转变，将潜意识中的“我给客户提供的是商品”，转变成“我给客户提供的是服务”。只有不断地更新和优化自己的服务，形成良好口碑，微商的品牌才能快速传播开来。

3.5 产品思维

不知道大家对国画有没有兴趣？建议微商多看看国画，受文化熏陶倒在其次，关键要学习一下国画中留白的艺术。比如，画布中只有一株荷叶，可扑面而来的却是风声、水声，这就是意境。

在现在这个个性张扬的时代，微商们务必要学习这种意境，努力给自己的商品或服务以想象延伸的空间。有了这种空间，客户们才能知道自己想要什么。要知道，现在的客户不同以往，也许他们不知道自己想要什么，但是他们厌烦别人告诉他们该要什么。

说了半天，关键一句：微商们要具备产品思维，而不是品牌思维。

什么是产品思维？简单点说，就是在微商营销过程中，产品是摆在第一位的。市场营销的整个过程是一道乘法题，如果产品是零的话，再棒的营销手段、再好的市场，结果还是零。

“微”时代对产品的要求比以往都要高得多，因为移动互联网技术的支持下，信息传播速度可谓一日千里。如果我们的产品好，其口碑会很快传播开来；同样，如果我们的产品有什么瑕疵，也会马上被客户所知晓。

小李利用微信卖老家的山野菜，打出的口号是现摘现卖。新鲜的枸杞头、苣荬菜以及风干的野菜等特色产品，很快吸引来了一大批客户。随着野菜越卖越好，逐渐出现了供不应求的情况，于是小李对野菜的质量开始不重视起来，在野菜的包装上也开始变得马虎。

有位客户向他反映，野菜中出现了小飞蛾，甚至野菜在水中浸泡后又粗又老，小李都没当回事。过了一段时间他发现，客户流失得很厉害，原来有客户在微信群里“曝光”了小李卖的山野菜，小李前期辛苦打造的好口碑毁于一旦。

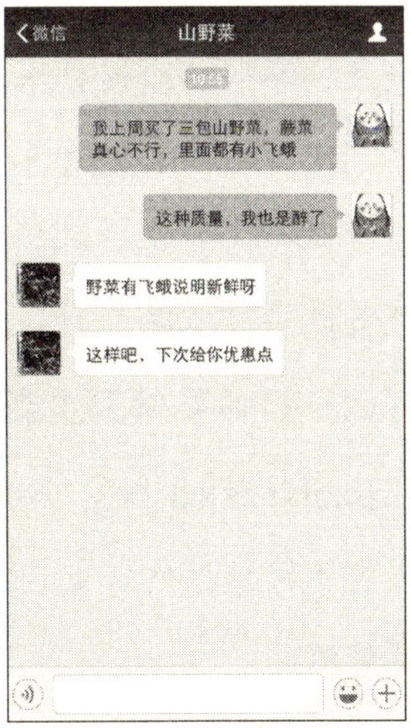

图 3.5　客户反映产品质量问题

看得出来，小李的产品思维还是不够强烈。很多创业者都存在同样的问题，于是很多微商做着做着就遇到瓶颈，甚至走进创业的冬天。

那么，微商该怎么理解并应用好产品思维呢？

（1）产品要做到极致

移动互联网时代是一个信息过剩的时代。客户一打开手机，海量信息扑面而来。我们的产品信息，只是浩瀚的信息海洋中的一小朵浪花。怎样才能让客户注意到我们的产品？第一点就是做到极致。

我们就用轻塑来举例吧。轻塑是一款拥有轻体塑型功效的高档果饮品牌，其口号是“轻塑，一瓶可以喝的瑜伽”。轻塑不仅对减肥、排毒有一定的功效，迎合了当下绿色瘦身的风潮，而且其制作配方是由“谍女郎”李丹妮提供的，更增强了它的可信度和市场热度。最关键的是，它采用了全天然材料，产品原料取自世界各地主要产区，并用顶级原浆提纯、萃取、冷链技术进行生产，配方经多次论证后，基本达到最佳营养配比和最佳口感，可以说将这一瓶小小的饮料做到了极致。所以，再挑剔的客户也很难对它说“不”。

图 3.6　轻塑

（2）产品要做到更新快

移动互联网时代，科技发展得非常快，客户的需求也日新月异，所以产品需要不停地迭代。如果我们的产品无法满足用户不断变化的需求，那么就只能被淘汰。

巨大的商旅市场犹如一座金山，吸引了无数企业家和创业者的关注，于是各类票务公司、门户网站如雨后春笋般不断涌现。但不断变化的市场环境和客户不断升高的服务需求，让商家们不得不使出浑身解数来一拼高下。

51Book 也是竞争者中的一员，如何应对不断变化的客户需求，同样是其必须面对和解决的问题。凭借对电子商务时代联拓模式的深刻理解，他们推出了移动互联网航旅业务新模式——51Book 商旅平台。平台创立以来，专注于为机票代理人提供“最方便、最灵活、最简洁和最便宜”的一站式在线服务，涵盖机票代理人采购平台、分销平台、散客呼叫中心平台，还提供酒店预订、行程单配送等增值服务，赢得了良好的市场口碑。

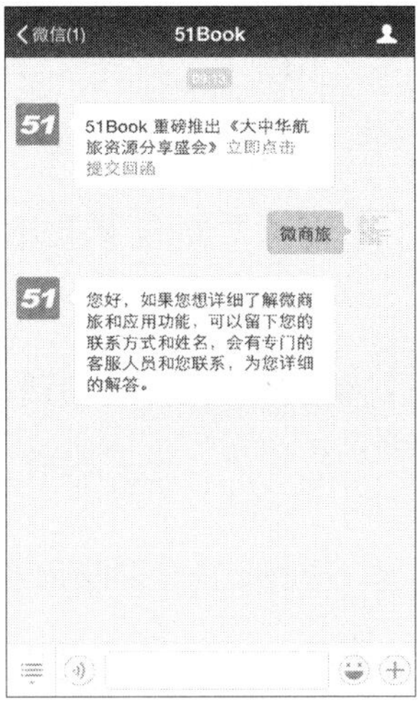

图 3.7　51Book 推出的微商旅

为了满足客户需求，51Book 执着于创新，持续创造超越客户期望的产品及服务，不断为客户创造愈来愈多的价值。51Book 在业内创造了无数第一，已然成为业内的标杆和旗帜。凭借其创新精神，51Book 深受客户及合作伙伴的认同和赞誉。

（3）产品要做到有“爆点”

所谓的“爆点”，就是一件商品的某个点能发挥出吸引客户的巨大作用，也就是“一白遮三丑”中的“白”，它能让人欢呼、让人兴奋。如果我们点燃了“爆点”，那么即将到来的就是营销狂潮。在微商时代，想充分利用产品思维，那么就要点燃商品的“爆点”。

我们来看一下壹顾问是如何点燃“爆点”的。

2015 年中国中小企业融资创新论坛以“创新•服务•企业融资新时代”为主题，邀请了众多银行业代表、非银行业金融机构代表、场外市场代表等共同参与。会上，壹顾问创始人提出了“融资顾问服务 O2O”的全新概念，剖析中小企业融资痛点、难点，并与现场嘉宾分享壹顾问的创始历程及创新式服务。这种全新的概念，正好切准了中小企业的脉搏，所以一经推出就好评如潮。

不再“一刀切”，而是量体裁衣，用O2O的形式，为企业提供一对一融资顾问服务。这就是一个“爆点”。只要产品有“爆点”，何愁没有市场？

（4）产品要做到体验至上

有些微商总是会下意识地重视线上而忽视线下，这也属于一个思维误区。要知道，操作得当的话，线上线下完全是相通的。如果我们能让客户先体验我们的产品，之后形成口碑，对线上的营销是极有助益的。

肇微·盟在肇庆的恒裕海湾城南大门入口处，开了首家微商O2O体验馆。这家体验馆面积近200平方米，有三大微商专柜和产品陈列柜，展示了超过100种微商产品。通过打造体验馆，肇微·盟轻易打通了线上线下的通道，极大提升了用户体验。

图3.8　肇微·盟打造的O2O体验馆

很多微商都把产品和体验给割裂开，其实线下体验是微商营销成功必不可少的一环。现在可能这一环比较薄弱，但是随着微商的不断发展，线下体验会越来越受重视。

（5）产品要做到个性化

移动互联网时代是一个追求个性的时代。想要让产品脱颖而出，就需要赋予产品个性。这点“你好芒”就做得不错。

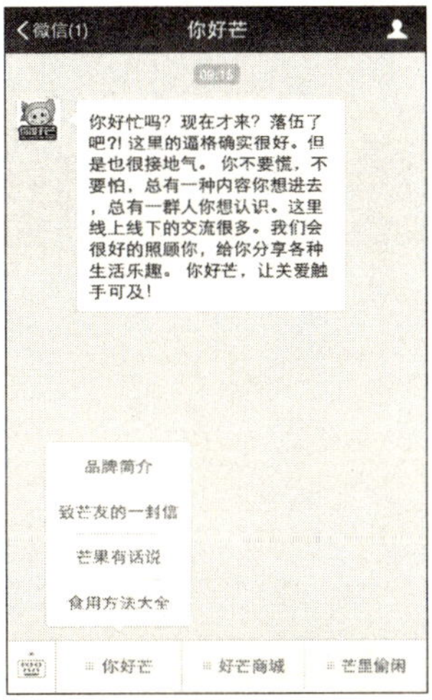

图 3.9　你好芒微信公众号

芒果是很常见的一种水果，它也能拥有自己的个性么？答案是肯定的，“你好芒”就赋予了芒果浓浓的人文情怀。

“你好忙”是现代社会很多人的生活状态，忙着工作，忙着生活，却忘了生命的意义所在。“你好芒”旨在提醒大家，再忙再累也别忘了享受生活。它体现了一种个性，一种人与人之间特有的关怀。同时，“你好芒”选用的是海南的金煌芒，果实巨大，品质上等。

凭借良好的品质和个性的标签，“你好芒”受到了消费者的一致好评。

总而言之，微商应该培养产品思维，不具备产品思维的微商很难做大做强。

第 4 章

粉丝有多少，生意有多大

chapter4

古希腊神话中有这样一则故事：安泰是众所公认的英雄，他从大地母亲盖娅身上获取力量，只要身不离地，便所向无敌；但只要身一离地，立刻就会软弱无力。微商就像是安泰，我们的力量来源是粉丝。粉丝从何而来？我们必须先做好定位，而后选择平台，接着巧妙利用各种方法来吸引粉丝。

4.1 精准定位，选对平台聚拢粉丝

微商时代，得粉丝者得天下！看看满大街的苹果手机，看看小米论坛的火爆，看看“小资”心中的圣地星巴克，无一例外地验证了粉丝的重要性。

粉丝经济并不是移动互联网时代的产物。但进入移动互联网时代后，不仅大企业、大明星能拥有铁杆粉丝，它也给了草根同样的机会。只要你有精准的定位、鲜明的个人色彩，就能让粉丝接踵而来。

那么粉丝对微商到底有哪些作用？粉丝不仅是重复购买者，同时还是朋友圈以及其他社交媒体中的优秀推销员。他们具有高黏度，并不断地裂变聚合，同时还有很高效的同等特性。拥有了粉丝，不管微商选择什么产品和服务，都有了无限的发展空间。

很多微商都意识到了粉丝的重要性，他们开始进行疯狂的“圈粉运动”。他们会疯狂地吸收人进入自己的群，或者是不断地和人“互粉”……但微商很快就发现，粉丝的数量是上去了，但是交易量却原地踏步。这是为什么呢？

要知道，粉丝是一种强关系。只有在产品和粉丝之间建立黏度极高的关系，粉丝才能创造利润。所以，你有多少个粉丝不重要，重要的是有多少粉丝和你的产品之间建立了黏度极高的关系。

说到移动互联网时代的粉丝经济，小米无疑是教科书般的存在。

小米无疑缔造了一个商业传奇，短短几年时间就从一个创业型企业发展成为中国智能手机的一大巨头。在这个过程中，粉丝发挥了巨大的功效。

在研发之初，小米便以社区为平台诚邀用户们献计献策，让用户在参与设计的过程中，加强了对小米的归属感；同时，小米利用论坛让粉丝“发声”，收集用户对小米的种种需求，并在接下来的产品设计中，不断满足用户需求；

在宣传方面，小米摒弃了传统的广告模式，而是利用微博、微信、QQ空间等社交媒体和用户们“面对面”地零距离交流。

通过这些手段，小米的粉丝越来越多。同样，越来越多的“米粉”也让小米得以不断壮大。

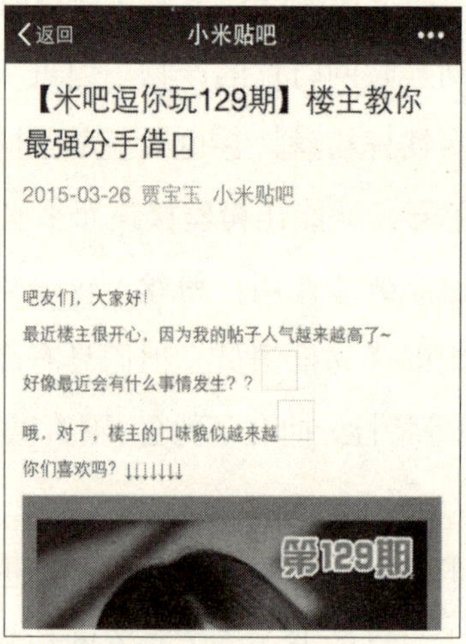

图 4.1　小米贴吧公众号

明白了粉丝的重要性，接下来就是招徕粉丝了。第一步，就应该选对聚拢粉丝的平台，因为“羽毛相同的鸟，自会聚在一起”。

4.1.1　学生党粉丝大本营——人人网

微信没有横空出世前，人人网曾经雄霸天下。彼时人人网打出的口号是“找到许久未联系的老同学、老朋友，分享精彩瞬间”。几乎所有的学生都拥有自己的人人网账号，每天在那儿发状态、写日志、晒美照。

有人肯定会对此嗤之以鼻，明日黄花而已，还值得这么重视吗？

要知道，瘦死的骆驼比马大。人人网的“没落”，只是略不如从前而已。现在依然有很多学生据守人人网，因为那儿有他们的青春。

所以，如果微商的目标客户是学生以及初涉社会的年轻人，人人网是不错的选择。

康师傅茉莉清茶，曾邀请著名导演加人气偶像推出“12 星座爱情网剧”，希望能迅速提升康师傅茉莉清茶的曝光度和市场热度。为了达到目的，他们选择了以人人网为平台，借助 12 星座的公共主页，利用 SNS 病毒传播机制，迅速将网剧推出。

图 4.2　人人网巨蟹座公共主页

在人人网聚拢粉丝有哪些需要特别注意的地方呢？

（1）情感美文

不管是学生还是初入社会的年轻人，他们的感情是最为丰富而真挚的，虽然已经具备了成年人的成熟，却缺少世故和市侩。这个时候，如果你能用饱含感情的美文去打动他们，他们就非常有可能成为你的“拥护者”。这些美文可能是一锅“心灵鸡汤”，也可能是微商本身的独有经历……注意一点，微商在发布情感美文时，一定要注意深度和原创。

（2）热点视频

虽然学生党也有压力，但是相比较而言，他们的压力还是不如职场人士那么大，闲暇时间比较多。所以，上传一些热点视频吧，比如 NBA 的最新赛事、明星的最新 MV、热映电影的幕后花絮等，这些都能最大程度地吸引年轻人的目光。如果微商能给这些视频能加上个性十足的点评，则效果更好。

（3）相册照片

不光是视频和美文，出色的相册照片也能成为热点。当然了，想要拍出人人关注的照片，对选材和照相技术都有比较高的要求。

4.1.2 “文青”粉丝栖息地——豆瓣

很多人都有这样的习惯；准备看一部新电影，事先要去豆瓣看看影评；打算买一本书，就去豆瓣看看书评。豆瓣就是这样一个拥有着浓浓文艺情怀的社区。

活跃在豆瓣的人，大都是我们口中的文艺青年，也就是“文青”。他们大多爱阅读、爱电影、爱摄影、爱旅游；他们享受文字、重视品位、追求格调；他们容易受情绪感染，同时品牌忠诚度很高。TIFFANY 就是一个深受“文青”喜爱的品牌。

TIFFANY 携手电影《了不起的盖茨比》，为影片角色打造了特色珠宝首饰。他们专门在豆瓣上建立了自身品牌的小站，塑造了高端、高雅的品牌形象。同时，他们将产品和电影进行捆绑，通过影评帮助品牌进行口碑传播，大大地提升了品牌的美誉度和知名度。

图 4.3 TIFFANY 的豆瓣小站

微商们该如何利用豆瓣聚拢粉丝?

（1）格调至上

文青们热爱的是情怀、是格调、是品位，如果你妄图用已经“烂大街”

的软文来吸引他们，无异于痴人说梦。想在豆瓣吸引粉丝，从标题开始，就要和豆瓣的风格保持统一。同时，软文内容一定要有格调、有内涵。要知道，文青都是有一定“格调”的，如果你发布的内容有失水准，他们只会一笑而过。

（2）打入阵营

当你注册账号后，第一件事不是要忙不迭地找粉丝。你必须先经营一下自己的豆瓣账号，让自己的身影出现在人气超高的小组内，让大家熟识你的账号，意识到你与他们拥有相同的“羽毛”。否则，就会让人觉得你只是个非常功利的营销号。

4.1.3 白领粉丝聚集地——天涯

天涯社区聚集了一大批这样的人：年龄在 20~35 岁，月收入在 3000~10000 元，拥有大学及以上学历。可以这么说，豆瓣是文青的栖息地，天涯就是白领的聚集地。无数企业都曾联手天涯社区开展过营销，微商又怎能放弃这块“肥肉”？

全职妈妈童晓婉，开了一家孕婴用品专卖的微店。一开始，店铺无人问津，她就大肆加粉，但加的大都是些“僵尸粉”，成效甚微。

后来，童晓婉听从朋友的建议，开始在天涯社区的情感版块里讲一些育儿的趣事，夹杂一些孕期、哺乳期以及育儿的小知识。幽默的语言、鲜活的文字、实用的经验，这让很多人都开始关注她。随着粉丝越来越多，童晓婉的微店生意也越来越火。

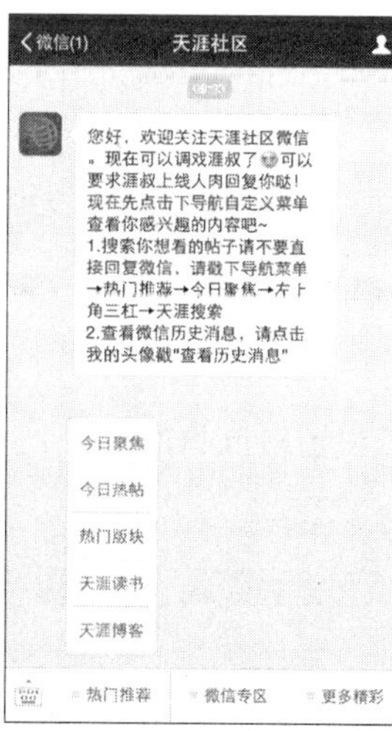

图 4.4　天涯社区公众号

那么微商该如何利用天涯社区招徕粉丝呢？

（1）耐心

利用天涯招徕粉丝，首先要耐心。不可能你今天发一个话题，明天就成天涯“红人”了。前文已经反复强调过多次，微商要做的不是打猎，而是诱捕。耐下心来，用心经营一个大号、若干小号，大号唱戏，小号来捧场，以此吸引粉丝。

（2）用心

利用天涯招徕粉丝，还得要用心。用心体现在哪里？体现在内容选取上。不管微商选取哪个版块作为自己发展的“老巢”，都要充分注意内容的选取，一定要注重知识性、独创性、话题性、生活性等。

4.2 招徕粉丝，从提升自我价值做起

很多微商都在苦恼：“为什么我没有粉丝？”其实，微商应该换个角度这么想：“为什么别人要成为我的粉丝？”

现实生活中，很多人都想成为明星、名人、专家等的朋友，却鲜少有人想和乞丐成为朋友。这是为什么？很简单，因为谁都不愿意跟一个没有价值的人交往。

天下熙熙，皆为利来；天下攘攘，皆为利往。如果没有“利”，别人为什么要成为你的粉丝？如果有了“利”，粉丝自然就会主动找上门。我们这里所说的“利”，其实就是自我价值。

某明星在微博中是不折不扣的“美容大王”，她经常和网友们分享各种美容心得，从保养皮肤到健康卸妆，从抗过敏到肤色提亮。

为了满足大家的需要，她还特别地开了一个专栏，介绍各种美容“神器”，

比如卸妆水、洗面奶、面膜等。细心的粉丝会发现，这些照片都给了“神器”的商标一个大大的特写。尽管大家都知道这是营销手段，可出于对该明星的喜爱和信任，还是大量转发。

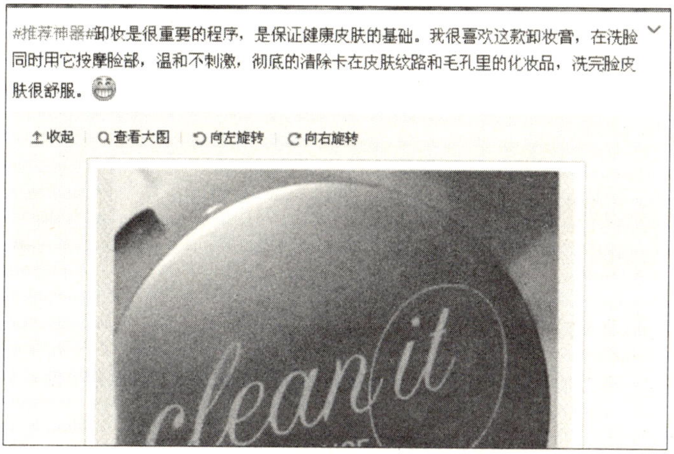

图 4.5　某明星在微博中推荐美肤“神器”

为什么大家都买这位明星的账？原因有三：第一，明星可以用自己的名气为产品背书，这让大家对产品更加放心；第二，很多人是该明星的粉丝，对她推荐的产品有一定的移情作用；第三，该明星发布的内容对不是追星族的人同样有效。正是因为她发布的内容很有价值，所以粉丝们才会纷至沓来。

有的微商会问，我不是名人又该如何吸引粉丝呢？答案很简单，就是努力提升自我价值。下面我们看看如何提升自我价值。

4.2.1　解惑指导

大家经常会说“赠人玫瑰，手有余香”，在现实生活中，那些真正愿意帮助别人的人，往往也会受到大家的欢迎。

微商要想做大做强，就要积极帮助别人。那么帮助别人的机会在哪里呢？请把眼光看向行业论坛、百度知道、搜搜问问等问题云集的地方。

"朵拉爱美"是一个专门卖护肤产品的微商，她每天都要花费两个小时的时间在搜搜问问和百度知道上。如果别人有护肤方面的问题，她就及时、耐心地予以回答。久而久之，就积攒了一定的人气。她将向她咨询护肤问题的网友组建成了两个群，在日常互动中提及了自己的护肤品，很多网友都愿意试一试。

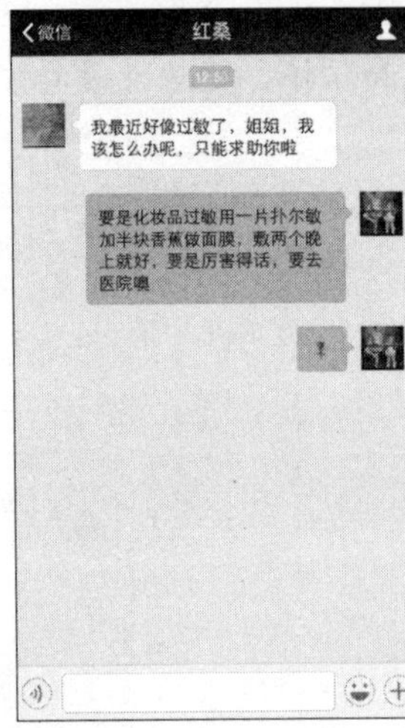

图 4.6　微商帮助潜在粉丝解决问题

如何具体地利用百度知道、搜狗问问等工具聚拢粉丝呢?

（1）回答中别忘插入关键词

虽然我们可以在每一个回答之后都缀上我们的店铺名称，但这样做未免让人觉得太过功利。倒不如将自己的产品等变成关键词嵌入回答之中，减少用户的抵触心理。

（2）回答中别忘插入图片

现在生活节奏快，长篇大论的文字容易让人视觉疲劳。适当地插入图片可以达到图文并茂的效果，能更好地吸引粉丝。

（3）回答中别忘留联系方式

我们要时刻记住，我们是在"明修栈道，暗度陈仓"，明着是帮助别人，却无形之中对自己进行宣传以招徕粉丝。如果我们帮完别人却"挥一挥衣袖，不带走一片云彩"，就和我们的初衷相背离了。所以，千万记得留下自己的联系方式和相关链接。比如，我们可以把我们百度知道的头像换成微店的二维码，或者是将自己搜搜问问的账号换成微信号码等。

4.2.2 贴吧发言

对于微商而言，百度贴吧是个聚拢粉丝的良好平台。为什么这么说呢？首先，百度贴吧够坚挺，不管是微博一枝独秀的年代，还是微信雄霸天下的今天，百度贴吧的用户量以及活跃度依然；其次，百度贴吧目前有多达几亿的注册用户，大部分都是 80 后、90 后，这和微商面对的消费群体是相符合的；最后，百度贴吧的特性能够引发粉丝间的深度交互效应。

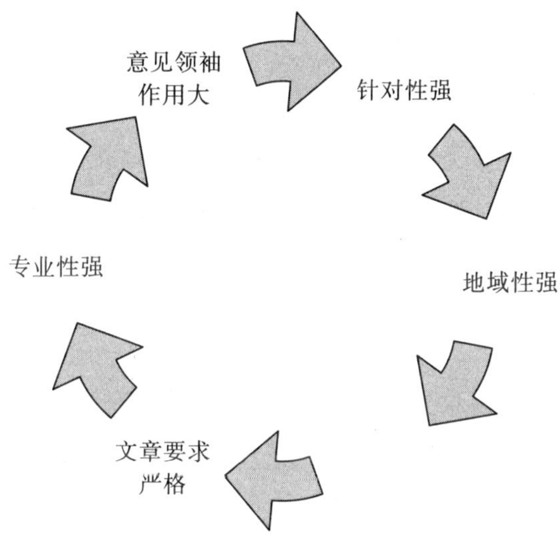

图 4.7 用贴吧聚拢粉丝的好处

那么，我们该如何利用好贴吧这个利器呢？

（1）找对贴吧

贴吧也分三六九等，有的贴吧红火热闹，有的贴吧门庭冷落。作为微商，自然是哪里人多去哪里。找到热门贴吧，最好找那些和自己所擅长的领域或销售的商品相契合的贴吧，将来吸引粉丝就会事半功倍。

（2）营造关系

找对贴吧只是第一步，接下来就能发帖了？当然不是，国有国法，吧有吧规，我们要慢慢地熟悉每个贴吧的特点和规则，拿出一点时间，和吧友混个脸熟，慢慢地营造关系，适当地制造话题，让大家开始认识你。

（3）吸引粉丝

当大家开始熟悉你之后，就可以积极地发布主题帖了。围绕吧友感兴趣的话题，发布言之有物的内容，让吧友对你发布的内容产生共鸣和兴趣，慢慢吸引他们成为你的粉丝。

4.2.3 视频引流

世界上从来都不缺少美，缺少的是发现美的眼睛。如果微商的头脑不够灵活，就会错失很多聚拢粉丝的机会。比如很多微商在聚拢粉丝的时候，往往将视线集中在贴吧、论坛之类的地方，却忽视了视频这块沃土。

让我们看一看视频网站大军：爱奇艺、优酷、土豆、PPTV、新浪视频、腾讯视频……如果我们能将视频玩转，利用视频吸引粉丝再轻松不过。

历年中国主题乐园秋季营销多以主打欢乐国庆节为主，在“万圣节”概念的活动推广中，也基本都以恐怖、鬼屋、巡游、南瓜为主要宣传点。常州中华恐龙园凭借自己的独有资源“恐龙”元素，以恐龙园万圣视频群为传播核心，用视频手段去表现万圣季全园“玩鬼”的概念。通过“专业制作内容”“同步传播内容”“用户互动内容”这3类10余个视频，形成视觉、听觉的记忆，去推广恐龙万圣季；同时利用四屏联动的传播平台，将核心视频迅速扩散，统筹打造一个覆盖全媒体的万圣传播方案，最终获得超过千万人次的浏览量。

图 4.8 常州恐龙园推出的视频

我们该如何巧妙利用视频吸引粉丝呢？

（1）好风凭借力，送我上青天

办法之一，当然是借势。我们可以及时下载一些热门的视频，利用软件，将我们的微信号、QQ 号当信息植入视频中去。用户搜索这些视频的时候，就会看到我们的信息。比如卖减肥产品的微商，便可以上传一些“郑飞燕减肥操”的视频，插入自身的产品的信息。注意，在植入信息的时候，一定不要影响用户的观看，否则容易引起对方反感。

（2）拔出萝卜带出泥

设身处地地想一想，我们想要利用搜索引擎搜索某视频时，会输入哪些关键字？所以，一定要为我们的视频设置好关键字，让用户在搜索的时候“拔出萝卜带出泥”，顺利地找到我们。

4.2.4 文库贡献

除了视频引流外，文库贡献也是很好的吸引粉丝的手段。常见的文库有百度文库、豆丁网分享文档以及道客巴巴在线文档分享等。

在百度文库推出伊始，“春天里”就积极地上传一些营养餐的菜谱。本着“天下吃货是一家”的心理，他在文档内留下了自己的联系方式。没想到，他的营养菜谱十分受欢迎，越来越多的网友成为了他的粉丝甚至朋友。后来，“春天里”转行做微商，以保健品为主打商品，很多粉丝都愿意购买他的商品。

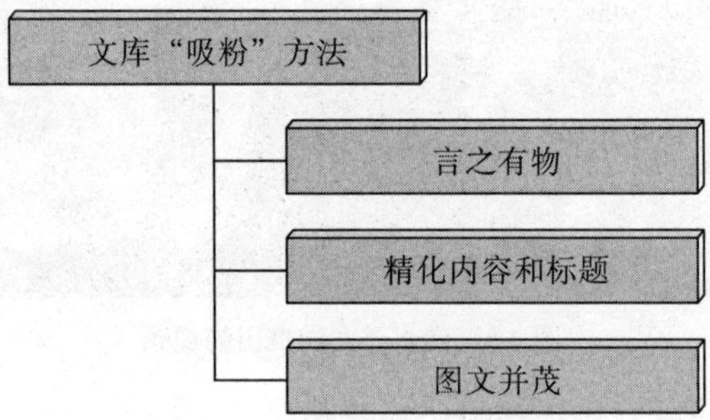

图 4.9　文库“吸粉”方法

看来，小小的文库里也藏有“吸粉”的玄机。那么我们如何利用文库找到粉丝？

（1）**言之有物**

我们在文库内上传的文档一定要言之有物，确定它们是有价值的内容。有价值，别人才会注意，才有可能成为你的粉丝。

（2）**精化内容和标题**

文档的内容和标题很重要，我们要杜绝赤裸裸的广告标题，一是容易引发潜在粉丝的抵触情绪，二是因为很多平台对广告比较敏感。最好选择实用性的标题，让标题体现出某种方法或某种技巧。这样，如果潜在粉丝要搜索该方面的技巧，就会找到我们发布的内容。

（3）**图文并茂**

我们在上文讲过，微商要用碎片化的思维来做营销，利用文库吸收粉丝也是如此。在碎片化的时间里，很多人没有时间更没有耐心去仔细看整篇的文字，图文并茂的内容更容易吸引潜在粉丝。

4.3 借助意见领袖的影响力

何谓意见领袖？意见领袖就是那些大 V，他们具有很强的人格魅力，或者具有较高的社会地位，或者被很多人认可，或者在某一领域是绝对权威等。这些人在网络上频频“发声”，对他们的“追随者”能产生很大的影响。

我们可以通过下面的故事领略一下意见领袖的影响力有多大。

很多年轻人喜欢的演员杨幂发布了这样一条微博：“真心推荐这个抹茶古皂，洗完脸皮肤滑滑的。”随文还附上了自己和产品的照片各一张。随即，她在评论中又提及“草木之心，抹茶古皂，温和清爽洗后不紧绷，越淘越开心推荐的，用起来不错哦，大家也可以试试”，并附上了该产品官方旗舰店的网址。微博发出后，极短时间内就有了 3 万多次的转发和 3 万多条的评论。

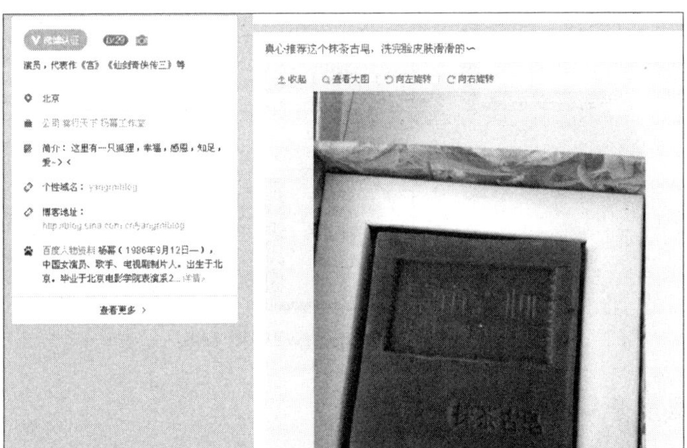

图 4.10 杨幂微博推荐抹茶古皂

杨幂是很多青少年的偶像，她的话对于她的粉丝而言具有一定的“威信”。

不仅如此，杨幂本身长相漂亮，让很多女粉丝心生向往，她们很乐于尝试一下杨幂的推荐。就这样，抹茶古皂成功借了杨幂的“势”。

4.3.1 巧妙利用从众心理

有这样一个笑话：商场外排了一条长龙，后面很多人不问缘由就加入其中。等到排到自己的时候，才发现原来大家是排队上厕所。

这就是从众心理的简单体现。从众心理是比较普遍的社会心理和行为现象——大家都这么说，我也这么说；大家都这么做，我也这么做。如果微商们能利用人们的这种心理，便能有效地招徕粉丝。

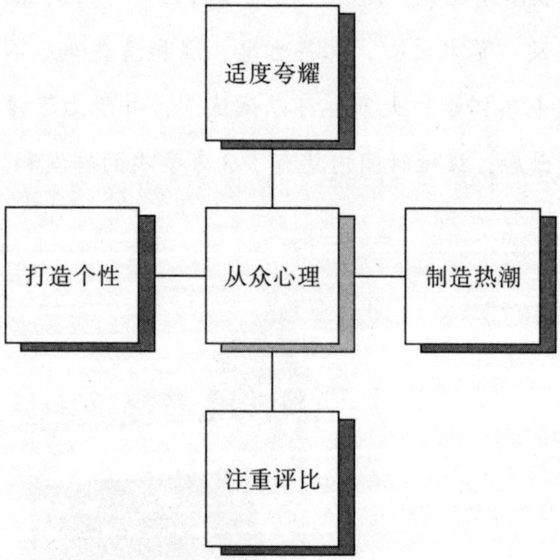

图 4.11 利用从众心理吸引粉丝

（1）适度夸耀

只要产品质量过硬，微商可以适度地自卖自夸，可怎么“自夸”是有讲究的。

很多人买东西前会参考商品的“人气”信息。他们会关注周围人的意见，参考以前购买者的信息，只要以“过来人”的身份告诉他们，他们就会考虑。所以，微商需要对自己的商品适度夸耀。

（2）制造热潮

人都是这样的，喜欢少数服从多数。当他们看到很多人都选择某个东西的时候，就会肯定这个东西的价值，然后跟着去选择这个东西。我们可以简单利用一下人们的这种心理，让顾客看到物品被疯狂抢购的场景，顾客就会一个接一个地来购买了。

（3）注重评比

人们都喜欢评比，所以各种评比、排名层出不穷，比如 2015 年 ×× 销量排行榜，或者女孩最心动的十大圣诞节礼物，或者最好玩的十种小游戏等。尽量不知道这些排行榜的依据，但这并不影响大家对排行榜的热情。所以，微商也可以通过这种评比来提升自己的品牌知名度。

（4）打造个性

我们在上文已经反复强调过，移动互联网时代是追逐个性的时代。很多人用与众不同来标榜自我，遇到这样的人，我们是不是要放弃利用从众心理了？当然不是，崇尚个性的人也会从众。只要换个说法，比如说告诉他们某些个性的人就是这么办的。

4.3.2 成为权威

同样一件不可思议的事，某个普通人说自己可以做到，大家可能会一笑置之；若是某专家说他可以做到，那大家便会深信不疑。为什么会这样？因为很多人都对“权威”怀有崇拜心理，当他们对某一种事物不太确定的时候，会选择听从权威人士的建议以降低风险。

就拿育儿来说，很多新手妈妈对崔玉涛非常熟悉，经常光顾他的博客，对他介绍的方法也奉若“金科玉律”。为什么会这样？很简单，崔玉涛是某医院儿科主任，是不折不扣的专家。

这就是心理学中的权威效应，具体体现在人微言轻、人贵言重。微商们想要招徕粉丝，让自己成为权威是不错的选择。

话说回来，我们该怎么成为权威呢？

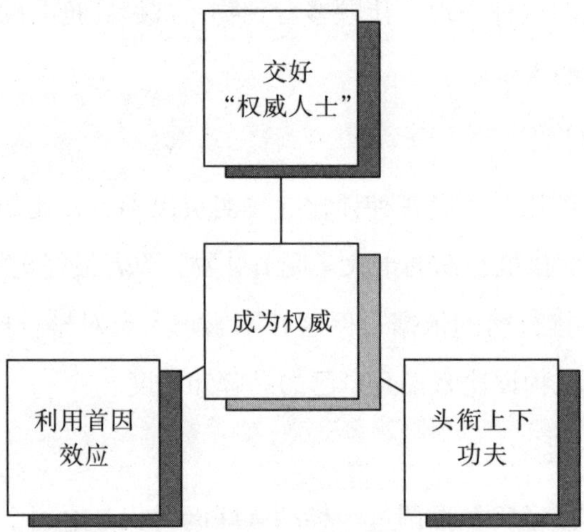

图 4.12　成为权威的方法

（1）交好“权威人士”

很多微商无奈地表示，我们和“权威人士”不沾边怎么办？其实，如果你的产品真的好，对提升“权威人士”的声誉有好处，他是很乐意帮忙为你推荐的，这对大家来说是一件双赢的好事。

（2）头衔上下功夫

是不是权威，有时候和头衔会有一定的关系。如果普通人头上多了“某某大学教授”“某某研究会成员”“某某理事”等光环，那么他就是一些人眼中的专家和权威了。

（3）利用首因效应

首因效应大家都不陌生，通俗地讲就是大家常说的第一印象。只要我们在第一次和粉丝接触的时候，突出我们专业的一面，相信会对他们以后的认知产生很大的影响。

4.3.3 微博引流

想要在“微”时代做好营销，怎么能少得了微博。接下来，我们就详细说一说如何利用微博吸引粉丝。

（1）工欲善其事，必先利其器

利用微博招徕粉丝，首先要有微博账号，而且账号多多益善，为什么呢？同样一条微博，如果没人评论和转发，大家都不会去关注；相反，如果有很多人评论和转发，大家就都会被吸引过去。微商多注册几个微博账号，可以在自己发布的微博后面评论和转发，自己给自己制造点“人气”。

（2）热点其外，金玉其中

准备好微博账号后，就该找热门话题了。我们发布的内容必须跟当下热门的话题保持一致或相关性。再次强调，内容一定要原创。另外，千万别忘了插入图片。插入图片不仅能增强内容的吸引力，同时还能增加曝光量。

（3）向标杆看齐

搜一些比较成功的微商的微博账号，通过评论的方式或者是私信的方式和对方沟通。在沟通的同时，密切注意对方的粉丝在关注什么，努力让他们把你归类为“自己人”。另外，别忘了在我们的微博内设置私信自动回复。注意，要彻底摒弃刻板的自动回复，务必让自动回复生动有趣，让人有和你继续交流的兴趣。另外，千万别忘了附上你的联系方式。

4.4 自我展示，引来同好

《论语》中有一段话非常有意思。子贡曰："有美玉于斯，韫椟而藏诸？求善贾而沽诸？"子曰："沽之哉！沽之哉！我待贾者也！"

翻译过来就是：子贡对老师说："有一块美玉，是藏在柜子里边，还是寻找那些识货的商人把它卖了呢？"子贡为什么要说这个话呢？因为子贡认为孔子有学问、有境界，可是不愿意出来做官，不愿意为天下所用，所以就打了这个比喻。孔子就回答说："要把它卖了啊。我是等待着那些识货的人来，等到那些真正认得美玉的人来买啊。"

是美玉就要展示出来，"微"时代也循此理！

微商们自我展示有哪些好处？

第一，能找到同伴。在世界上找到两片完全相同的树叶不容易，但是找到志趣相同、爱好相同、理想相同或地域相同等拥有一定共同点的人还是不难的。你积极展现自我，就有可能吸引同好。

第二，能让潜在的粉丝了解你。用户为什么要成为你的粉丝？必然是为你的过人之处所折服。如果你只顾"埋头走路"，用户怎么会有机会认识你？

4.4.1 建设个人网站

很多微商都认识到了个人品牌的重要性，但是认识的广度和深度不够。他们认为个人品牌可能是个性的微信头像，抑或是具有特色的昵称，以及让人一见难忘的个性签名。单纯这几个"点"，对于打造个人品牌而言是远远不够的。想让用户认识你、了解你，进而和你形成某种关系，必须展示"面"。

怎么展示"面"？建设个人网站是个不错的选择。那么如何让个人网站成为我们的"秀场"呢？

（1）个性标签少不了

现在网络上各类网站千千万万，要想不“泯然众人”，就得有个性标签，这个标签必须和本人性格以及产品、服务相结合。

（2）我们不卖产品，我们只讲故事

如果网站上全部是商品介绍，就背离了建设个人网站的初衷。我们为什么要建设个人网站？是为了让别人更好地了解我们。了解我们什么？了解我们的故事，通过故事了解我们的价值！你要用自己的故事告诉大家，你是一个有经历的人，是一个有血有肉、有情有义的人，这样才能让大家和你产生共鸣，进而被你吸引。

（3）反复强调

人的记忆要经过不断的重复才能深刻，所以我们在个人网站中要不断地强化我们的特点。你可以用各种方式，比如自述、讨论、自黑、自嘲、自夸……总而言之，要将自己的特点不断地展现在用户面前，这样他们才会记住你。

4.4.2 迈出关键一步

微商和用户的关系，介于熟人和陌生人之间。双方各退一步，他们就会渐行渐远，最终成为别人的客户；双方各进一步，那么他们就会摇身一变，变成你的铁杆粉丝、忠实客户或义务推销员。

那如何才能迈出这关键的一步，成功吸引用户的关注？

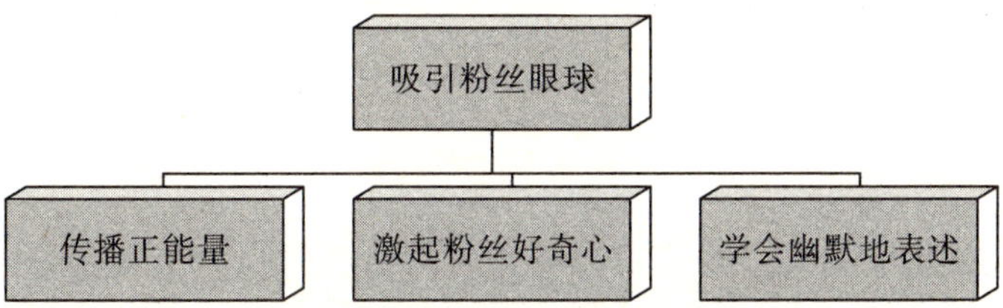

图 4.13 吸引粉丝关注的方法

（1）传播正能量

现实生活、工作中，人们往往会有各种郁闷、烦躁、不开心等负面情绪充斥在内心。打开手机，假如一眼就看到你发的积极向上、正能量的东西，就很难不被你吸引到。微商可以每天传播一些正能量的东西，让用户关注我们。

（2）激起粉丝好奇心

两个乞丐谈论皇帝晚餐会吃什么，乞丐甲说："大概能吃上烤红薯？"乞丐乙鄙夷地说："一看你就没见识，皇帝每天的晚餐都是红烧肉！"

这则笑话直白地展现了不同圈子的人对不同圈子的好奇。如果微商能展示一点与众不同的东西，比如自己所处圈子的秘密、趣事等，就会吸引很多人关注。当然，我所说的与众不同的东西，绝对不是炫富之类，这种方法低俗且令人厌恶。

（3）学会幽默地表述

现代人生活和工作节奏快，压力很大，如果我们能让人暂时忘却这种压力，那么我们就能吸引很多人的关注。怎么让人忘却这种压力？幽默就拥有这种神奇的力量。你可以选择上传一些段子（糗事百科、内涵段子），也可以讲述一些幽默故事，或者上传一些搞笑视频等。

4.4.3 利用共同点

在进行我展示的时候，如果能巧妙利用共同点，也能吸引大批粉丝。该怎么找到共同点呢？

（1）利用姓氏

在自我展示的时候，微商可以将自己的姓氏作为一个展示的中心，介绍姓氏的来源，列举该姓氏的名人，引发同姓氏用户的自豪感，并让他们更信任和认同你。

（2）利用爱好

“物以类聚，人以群分”，人们总是喜欢和爱好相似的人在一起，相同的爱好非常容易增进人与人之间的交流。我们可以通过突出展示我们的爱好，吸引拥有相同爱好的用户。

（3）利用地域

人生“四大喜”之一，就是他乡遇故知。乡情乡音，能让人和人之间的距离陡然变近。所以展示自己的时候，千万别忘了介绍自己的故乡，以便吸引同地域的用户。

（4）利用经历

相同的经历会让人有相同的感受，相同的感受就能就带来共同的话题，共同的话题就会催生友谊。所以，展示经历也能帮助微商寻找到与用户的共同点。

4.5 获得粉丝的方法千万种，千万别雷同

“为什么我努力发布产品信息、坚持上新品，可就是不见效果？”

“我的订单始终没有增长，好友也没有增加，问题出在哪？”

“好友很多，但是他们对我的产品兴趣不大，更别提帮我免费做宣传和推广了！”

……

如果你遭遇同样的问题，症结可能在于你没有呈现自己的个性，没有让粉丝看到与众不同的你。连自己都没有推销出去，粉丝如何会买你的商品？

如果你的店铺装修、商品展示、促销手段都同别人都一样，那么你就是典型的流水线产品！消费者会说：“我凭什么关注你？”

所以，微商必须有个性。你的产品要与众不同，你的服务要另类，你的促销方式要特殊……只有个性，才能让你成为“小而美”，成为粉丝们追捧的对象。

也许李金柚的故事能给我们一定的启示。

网上很多人这么说：“李金柚不红，天理难容。”这当然是个夸张的说法，但李金柚的确有其独到之处：看它的品牌定位，梅州优质沙田柚，配套科学完善的柚果品控可仓储体系；看它的包装设计，时尚简约，还配有开柚神器，高端大气上档次；看它的外包装，柚子的内袋、封口等，都配有不同的文案，语言诙谐，内容风趣；看它的文化传播，柚子包里有卡片，把柚子的种植、采摘故事都写在上面；看它的定价，22.3 元，因为柚子的重量是 22.3 斤左右。

图 4.14　李金柚公众号

不管是好玩易记的名字，还是简约不简单的包装设计，以及富有趣味的文案，这些都凸显了李金柚的个性。没有这些，李金柚只是一个普通的柚子；有了这些，李金柚就成为红遍网络的趣味水果。

4.5.1　我就是我，是颜色不一样的烟火

微商刚刚出现的时候，很多微商凭借先人一步占尽先机。可现在已经进入到“微”时代，人人都能做微商，这些凭借天时的微商该怎么办？打个比方，过去大家只种小米，而你种大米，自然是不愁销路；现在大家都开始种大米了，

你该怎么保证自己的大米畅销？

答案就是保持产品的个性化。

就拿褚橙来说吧，每一个褚橙上面都有自己的喷码，以此证明它是昔日烟草大王褚时健亲手种植、没有施用任何农药和化肥的纯天然橙子。现在褚橙又分为“热血版”和“理想版”，个性十足。

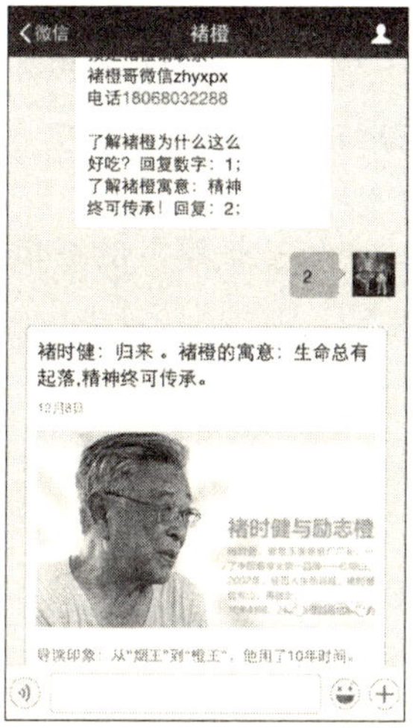

图 4.15　褚橙公众号

我们又该如何利用个性吸引粉丝呢？

（1）个性的名称

这里所说的名称就是指微商在各个推广平台的昵称，如微信名字、微博名字、QQ 昵称等。我们要选个简单好记、个性鲜明的名字，并且在各个平台的昵称都要保持一致，如无意外不要更换，以免影响信誉度。

（2）个性的风格

每个人都有与众不同的地方，这就是个人风格。有的人风格是“说话直”，走的是“毒舌”路线；有的人风格是“自恋”，走的是“自我欣赏”路线；有的人风格是“温和”，走的是“暖男”路线……只要你找到自己独特的风格，并不断强化，就能让它成为你独有的名片。

4.5.2　创意出新又出奇，粉丝才能爱上你

在当今这个时代，不夸张地说，没有创意就没有品牌。任何一个品牌的形成，都不是偶然的，都闪耀着一个又一个的创意。

很多微商只看见“趁枣”表面的大红大紫，却没有看见“趁枣”背后推陈出新的创意。

“趁枣”是君思味旗下枣类产品品牌，其选品是宁夏的灵武长枣，被网友称为“互联网最具文艺气息的红枣品牌”。

为了推广该产品，君思味先利用“趁枣体”引发微友们共鸣；再利用特色包装，吸引大家注意；接着发起互动，提高“趁枣”和粉丝之间的黏性关系。当然，没有好产品的营销都是耍流氓，“趁枣”口感超好、甜过“初恋”，让无数爱美食的粉丝慕名而来。接着，很多网络大V也纷纷加入粉丝的队伍，帮助开展宣传。

从“趁枣”的案例中我们学到了什么？

（1）创意要有趣

从“李金柚”到“你好芒”，从“好给荔”到“趁枣”，这些品牌的共同点，就是名字好玩、有趣又容易记。我们完全可以借鉴这点，给我们的微商品牌取一个有趣的名字，让用户看过一眼就再难忘记。

（2）包装设计不能马虎

人靠衣服马靠鞍，卖东西也是如此，包装设计绝对不能马虎，一定要展现产品的个性和特点。

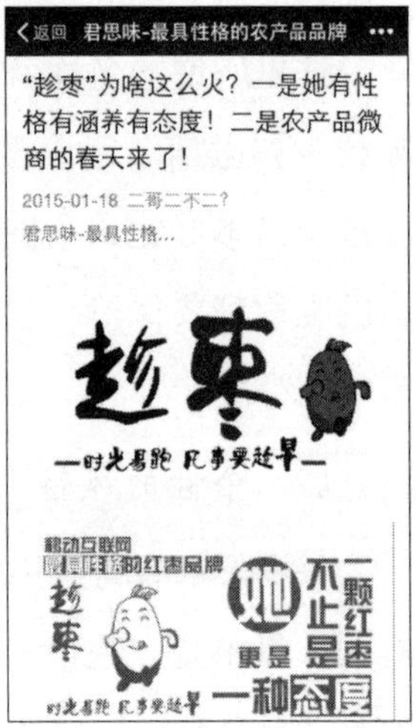

图 4.16 趁枣公众号

（3）行动要趁早

要知道，我们现在已经进入了“微”时代，各路微商竞相发展，纷纷使出浑身解数，施展十八般武艺。如果你有好的创意，就赶紧付诸实践，因为大多粉丝只对“第一”有印象。

（4）搭配好活动

好的创意可以让我们的产品在短时间内获得很高的曝光度和关注度，但是这种热度是无法持续太久的。所以我们要搭配好的活动，持续地曝光我们的创意，不断地给我们的创意增温。

4.6 粉丝就是朋友，朋友也是粉丝

很多微商都表示："微商赚钱太难了！"为什么你们不赚钱？因为你们把一切都写在了脸上：左半边脸写着"快点买，快点买"，右半边脸写着"成交吧，成交吧"，额头还挂着横批——我要赚钱！

这种急于赚钱的焦虑和渴望能从微商与粉丝的交流中流露出来，粉丝会失望地发现，你们之间的关系只是一场交易。即便粉丝勉强买了你的商品，内心也会极为不舒服。

微商一定要牢记："以利相交，利尽则散；以势相交，势败则倾；以权相交，权失则弃；以情相交，情断则伤，唯以心相交，方成其久远。"

杜蕾斯就用实际行动证明了这句话。

杜蕾斯的官方微博每个月都会从自己的粉丝中评选出"最粉丝"，并为"最粉丝"送上奖品，让粉丝们明白，杜蕾斯一直在关注他们。

同时，杜蕾斯还十分注意同粉丝的互动，他们会提倡粉丝进行广告设计等创作，参与者就有机会获得奖品。

通过这些举动，杜蕾斯大大增强了和粉丝之间的关系，提升了粉丝黏性。

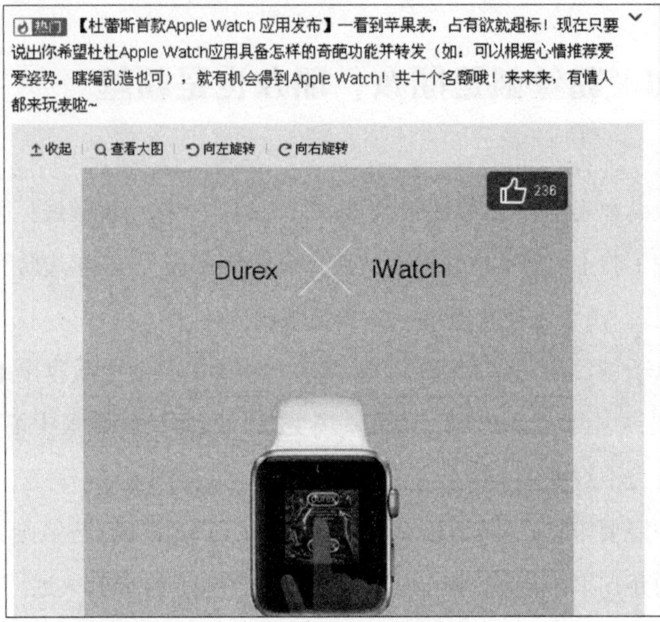

图 4.17 杜蕾斯评选“最粉丝”

杜蕾斯作为大企业尚且这样，我们普通微商更应如此。那么具体应该怎么做?

（1）和粉丝成为朋友

这里所说的朋友，并不是加个好友便万事大吉。身段一定要放低，要同粉丝平等对话。从对话中，可以了解粉丝的爱好，并围绕着粉丝的爱好重置话题。一条贴心的评论，一次热情的点赞，都会拉近你们的距离。

（2）帮助你的粉丝

《人性的弱点》里面曾经说过:“如果你可以了解别人的需求,然后满足它,那么你到哪里都可以左右逢源。”这句话放到微商这里同样行得通。我们要练就一双“慧眼”，发现粉丝的困惑，急人所急，想人所想，尽可能去帮助他们。久而久之，你和粉丝之间就建立了牢固的关系。

（3）维护你和粉丝之间的关系

和粉丝建立了朋友关系还远远不够，还要积极地维护你们之间的关系。如果只建立而不维护，那么前期的工作就算白做了。

4.6.1　QQ 群和 QQ 空间，让你变成万众瞩目的小太阳

姜桂之性，老而弥辣。QQ 作为老牌社交工具，自然是微商招徕粉丝的不二法宝。

QQ 群往往是一群志趣相同或某些属性相同的用户聚集在一起的场所，而 QQ 空间则是我们最好的展示平台之一。如果能利用好 QQ 群和 QQ 空间，就能让我们摇身一变，变成万众瞩目的“小太阳”。

常满是专门销售自制减肥中药贴的微商，她的生意一直很好，秘诀就在于她所加入的五个 QQ 群。这几个群，每个群里面都有将近 500 名成员，其中一大半都很可能成为她的客户。因为这些成员都有一个共同点，那就是为减肥所困。常满是群里面的活跃者，每天都要发一点减肥的小常识，等到和大家打成一片的时候，再销售产品往往事半功倍。

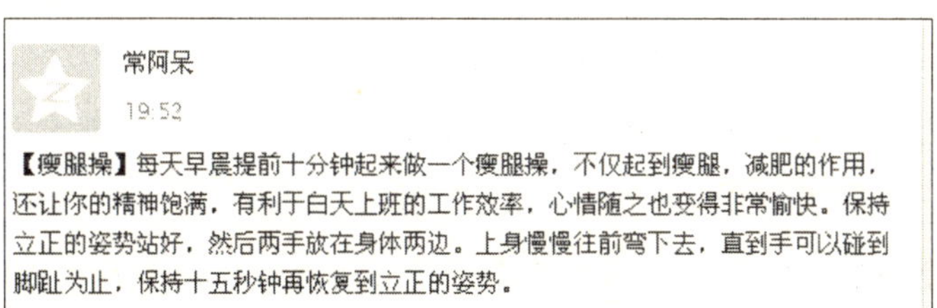

图 4.18　微商在 QQ 空间发表内容

如何利用好 QQ 群和 QQ 空间呢?

（1）专一

相信大家对那幅名为《挖井》的漫画都不陌生：一个人扛着锄头四处挖井，

每次都挖浅浅的一个坑就放弃了。殊不知,只要他再坚持一会儿,就能挖到水。现在 QQ 群很多，我们加入一个群就要用心地经营和维护，不能用加群的数量代替加群的质量。

（2）漂亮

QQ 空间是我们的展示板，就像我们的脸，务必要漂漂亮亮。漂亮也不能无的放矢，一定要结合我们的产品，做得既漂亮又有内容。

另外，有条件的话千万别忘记进行 QQ 空间验证。认证不仅能提高粉丝对我们的信任度，同时腾讯官方会优先推荐认证空间，一旦被推荐，那么上千上万的粉丝会纷至沓来。

（3）内涵

很多微商总是喜欢转载日志，大概他们认为，那些被人纷纷转载的日志特别受欢迎，容易带来客流量？其实，如果转载的内容和你的产品不相干，别人看过了就忘了，不会留下什么印象。所以，微商一定要尽量原创，高质量的软文更容易吸引粉丝。

4.6.2　引人入胜，精彩的朋友圈内容不能少

有这样一个笑话：有个微商利用朋友圈卖东西，开始的时候完全没有人理会他。但是他坚持不懈，仍然每天上传自己的商品信息。皇天不负苦心人，他的努力终于有了回报——所有人都把他拉黑了！

随着微商的发展，朋友圈俨然成了广告圈。曾经有相关媒体针对此事进行了调查，将近 80% 的人认为，朋友圈卖货让人很反感。

确实，千篇一律的广告，一模一样的口气，大同小异的图片……每天被这样轮番轰炸，谁都会烦躁的。

下面我们看看“口袋蜜”在朋友圈是怎么做的。

“口袋蜜”通过朋友圈发展客户，选择的不是近乎失真的 PS 图片，而是最简单的原始图片，努力用真实打动客户。同时，口袋蜜也不会进行广告轰炸，而是选择在早上 7 点或 9 点、中午 11 点半、下午 2 点等时间发信息，而这些时间正好是大家关注朋友圈的时间。

图 4.19　口袋蜜公众号

（1）次数要少，内容要精

在朋友圈做推广，一定要防止客户的抵触心理。一天至多两条广告，绝对不能全天候地在朋友圈进行广告轰炸。中午 12 点到 14 点，下午 18 点到 21 点，这两个时间段做推广相对而言效果会比较好。

内容要简练，最好配图说话，以最小的篇幅传达最多的信息。

（2）撒娇卖萌，无所不能

大家都这么忙，网上可看的东西又那么多，为什么要关注你的广告？所以，微商要给用户一个关注自己的理由，比如发布大家关心的，或者可以使他们开怀一笑的内容。你可以撒娇，可以卖萌，可以走心动情，只要别赤裸裸地狂发广告。长此以往，粉丝自然源源不断。

（3）先谈关系，再谈生意

想利用朋友圈发展自己的粉丝，就要和对方成为朋友。最简单的办法，就是在朋友圈里随手评论和点赞。遇到对方得意的事情、开心的事情你就立刻点赞，还要对其进行用心的点评。一来二去，大家慢慢熟悉了，这时再谈生意就没那么让人反感了。

4.6.3　拓展自己的朋友圈要永不止步

很多微商抱怨“我只是一个普通人，没有什么朋友”，或者“我不善交际，朋友圈很小”，并以此得出结论——我不适合做微商。

其实我们每个人都有一张人脉网，我们粗略地进行一下分类：

我们的同学有多少人？

我们的同事有多少人？

我们的朋友有多少人？

我们的客户有多少人？

我们的网友有多少人？

你用或不用，人脉就在那里，就看你怎么维护与开发。

（1）维护既有关系

进行初步分类之后，我们就能明白这些人和我们关系的亲疏远近。选出其中比较亲近的，并开始和这些人联系。可以通过电话关心问候，可以通过邮件嘘寒问暖，可以通过视频了解近况……总而言之一句话，和他们重新拉近关系。

（2）发展新的关系

朋友的朋友也可能成为我们的朋友，QQ好友的好友也可能成为我们的好友，以此类推，我们的朋友圈就可以向外拓展。在拓展的时候一定要提前做点准备工作，就拿QQ好友的好友来说吧，提前看一下对方的相册，关注一下对方的签名，浏览一下对方的日志，对其有一个粗浅的了解，结合他们的特点想好接触的方法，之后与他们成为好友就不难了。

不忘维护老朋友，积极发展新朋友，新旧结合，不断拓展，你的朋友圈自然就越来越大了。

4.7 提升黏度，让“僵尸粉”变“钢丝”

很多微商经历过“疯狂拉人”之后，发现微信上的“好友”上百上千，却没有人对自己的产品表现出丁点儿兴趣；QQ 号上都是“粉丝”，却没有人主动和你交流；发布一条微博，没有一条转发和评论……

这些粉丝就是传说中的“僵尸粉”。看似你有众多的“好友”或“粉丝”，但在绝大部分时间内，你们之间没有互动。简单点说，就是你的“好友圈”呈现了一种虚假繁荣。

当遭遇“僵尸粉”的时候该怎么办？看看微商咩咩是怎么做的。

某天，咩咩的微信好友无一例外地全收到了她的信息 :“今天是我的生日，咩！一个快乐经过分享就变成两个快乐，咩！所以今天我打算给好友们发红包分享我的快乐。如果你想参与抢红包，请咩一声 ；如果你没兴趣，请无视这条短消息。”

这只是咩咩众多互动手段中的一种。她平时就非常注重与好友间的互动，逢年过节发个红包，大事小情与好友分享一下，时刻保持与好友的联系，让好友想忘记她都难。

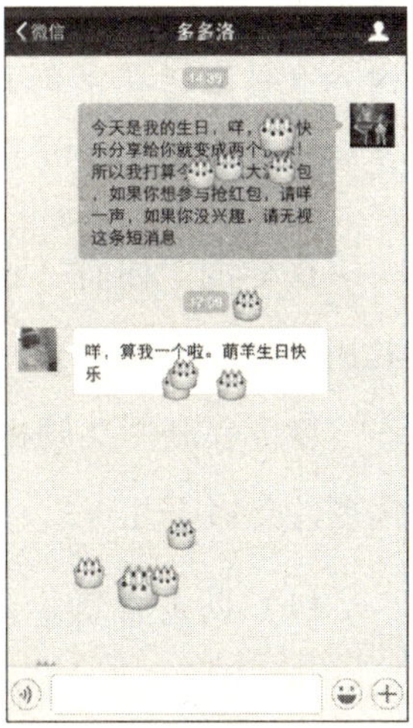

图 4.20　红包激活“僵尸粉”

（1）互动少不了

咩咩用红包激活“僵尸粉”的案例告诉我们，想让好友活跃起来，平时的互动少不了。这种互动可能是一次优惠活动，可能是一次美文分享，甚至只是一次普通的点赞或者评论。记住，每一次的交流都要真诚，千万别敷衍了事。

（2）真实少不了

人和人之间交朋友，最重要的是真实。这种真实体现在产品上，就是物美价廉；体现在交流上，就是以诚待人；体现在朋友圈里，就是发一些“接地气”的东西，可能是你切身的体会，可能是你生活中的点滴趣事。用这些内容代替频繁刷屏，可以让好友更容易接受你。

（3）话题少不了

我们和粉丝相处，一定要找到共同之处，比如双方有共同的好友，或者有相同的话题，这些都能在无形之中拉近彼此之间的距离。

4.7.1　打造奖励机制

看到好友列表中满满的“僵尸粉”，微商都在头疼：“用什么方法把他们唤醒？”奖励机制是一个不错的选择。

让我们看看康师傅是怎么做的吧。

康师傅又出大招啦！只要关注康师傅方便面的公众号，点击菜单中的“点亮梦想”，会发现有一个“领理财通红包”，输入8位激活码就能获得红包，里面装的可是实实在在的货币！

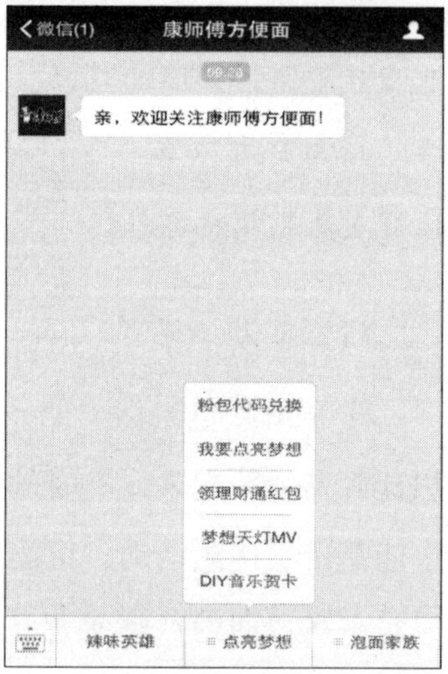

图 4.21　康师傅方便面公众号

这样的“便宜”谁不愿意占？康师傅便利用这种奖励吸引了大量粉丝。

微商在利用奖励机制唤醒“僵尸粉”时，需要注意以下几点。

（1）以老带新

你好友圈里的“僵尸粉”，没准是别人朋友圈里的“钢丝”。我们完全可以利用这一点，利用我们的“钢丝”来唤醒他们。比如我们可以号召“钢丝”将我们发布的内容转发到他们自己的空间里，当他们的好友点击浏览的时候，我们就给予他们一定的奖励。这样，“钢丝”就变身成我们的品牌推广员，带动“僵尸粉”活跃起来。

（2）告诉僵尸粉：“天上真的会掉馅饼”

很多微商发布的活动内容乏善可陈，比如“炎炎夏日，激情共享”“阳春三月，优惠酬宾”等，这些促销活动大多名不副实，很难让粉丝们生出兴趣，他们会认为，天上哪会掉馅饼？成功的促销不单需要响亮的口号，更需要实实在在的内容。所以，给出一个合理的活动理由、促销原因吧，告诉“僵尸粉”，天上真的会掉馅饼！

（3）营造火热氛围

微商就算做促销、搞活动，其实还是盈利的。这点不仅微商自己知道，粉丝也知道。所以，不管微商怎么卖力吆喝，粉丝大多并不买账。这个时候，微商就需要开动脑筋，营造一种氛围来带动“僵尸粉”。怎么营造？当然是利用火爆的人气。当他们看到活动如此热闹，这么多的人加入其中，肯定会有所心动。

4.7.2 创新增活跃

有这么一个笑话：一个路口开了家加油站，大家发现这个加油站很赚钱，于是纷纷效仿。过了一段时间，这个十字路口就挤满了加油站。

为什么不转换思维呢？如果我们在加油站旁边开一家便利店，来加油的车主就会顺道在这里买东西；如果开一家饭店，说不定等待加油的车主会来这里用餐。所以，微商不要再模仿了，努力创新才能增加粉丝的黏性。

“大圣哥大战张君雅小妹妹”的案例或许能给我们一定的启发。

张君雅小妹妹这款零售价近10元的捏碎面引发了零食狂潮，很多企业跟风而动，甚至出现盲目跟风的情况。但是大圣哥却非常淡定，没有模仿更没有跟风，而是避开了张君雅小妹妹强势的地方，采取了“品牌文化＋动漫营销”的创新营销模式，借助网络新媒体传播系列动漫短片，加强和粉丝的互动，最终真正做到了和张君雅小妹妹平起平坐、不分伯仲。

图 4.22　大圣哥“极度要面子”点心面

微商需要从哪几个角度来做创新?

（1）渠道创新

俗话说得好，吃不穷穿不穷，算计不到才受穷。微商一定要精于“算计”，眼光要放长远，比如大家都用同一个供货商，我们就另辟蹊径，选择其他供货渠道。

（2）产品创新

其实很多微商的产品创新其实更像是一种伪创新。为什么这么说？因为产品还是那个产品，只是换个包装、换个名称、换个内涵，就让人耳目一新。我们上文中说的你好芒、李金柚、好给荔、趁枣，都是走的这种创新路线。

（3）促销创新

促销方式不能一成不变，总是搞“买一赠一”“双十一五折”这样的促销，会逐渐丧失对粉丝的吸引力。换一种趣味性更强的促销活动吧。

（4）宣传创新

如果你的宣传方式只是刷朋友圈或者是反复推送广告，换一种宣传方式也许会更好，比如把你的产品来历写成一部惊心动魄的小说等。

4.7.3 特色增黏性

近年来，私房菜（也称私家菜）已成为餐饮市场最热门的话题。它的特点就是无店面招牌，无固定菜单，不设专职服务员，主人准备的拿手好菜随机上桌。“私房菜”受热捧，和现代人追求“特色”是分不开的。

微商们要从“私房菜”的盛行中汲取经验，努力让我们变得不一样，这样更有利于增加粉丝黏性。

下面介绍几道反响不错的“特色菜”。

（1）菜单上没有的菜

微商们可以改变产品方式，不让粉丝们知道第二天上架的商品，给商品一定的神秘感，让粉丝每天都充满期待。这样的营销模式能满足粉丝“求新求变”的心理，有效地增加了粉丝的黏性。

（2）粉丝参与做菜

不管是活动还是营销，微商都要通过各种方法让粉丝们融入其中，成为微商成长的见证者和参与者。这样，当微商取得成功的时候，粉丝也获得了成就感和满足感，大大提高了他们的黏性。

（3）定量供应菜肴

私房菜一般餐位很少，客人光顾前需要电话预订，去的晚了就吃不到。微商也可以借鉴一下这种做法，推广商品的时候设定一个时限，粉丝必须在固定的时限内抢购，超时的话商品将自动下线。这将让粉丝持续关注你，以免错过心仪的商品。

第5章

产品是你最好的导购

chapter5

品质有保障的产品，是微商得以发展和前进的基石，是微商的生命线。所以，微商必须学会一项本领——选择产品。

市面上的产品五花八门，从中寻找物美价廉且能吸引粉丝的无异于沙里淘金。针对这个问题，本章介绍了选择产品的技巧和注意事项，希望可以帮助微商少走弯路。

5.1 没有好产品一切都是画饼

很多微商绞尽脑汁去扩大自身的人脉，陷入“3 天增加 3000 粉丝”“月入 100 万”的美梦中。他们千方百计地发展粉丝时，却往往忽视了一样最重要的东西，那就是产品。

产品对于微商的重要性怎么说都不为过，不重视产品，微商最终会寸步难行。遗憾的是，很多微商却没有意识到这一点，他们盲目地以降低利润来提高复购率。

我们在上文说过，盈利的微商往往推行的是“小而美”的产品。如果单打价格战的话，利润空间就会缩小，倒不如打质量战，在产品质量上做文章，这样应对策略就灵活得多，利润空间也更大，并且能让微商和用户获得双赢。

如果微商的产品品质没有保证怎么办？答案是“必死无疑”。

央视财经频道曾在节目《是真的吗》中爆料了“三无面膜”带来的巨大危害。某女士在微博上极具人气，她便利用自己的人气宣传起了某种面膜。这些面膜敷在脸上后，短短几天就能达到光洁皮肤、美白嫩滑的效果。这种立竿见影的神奇效果让她的粉丝们纷纷抢购，却忽视了面膜是“三无产品”——无生产厂名，无生产厂址，无生产卫生许可证编码。结果，短暂的美容效果过后却是“烂脸”的噩梦，原来这些面膜中含有超量重金属，因此才能在短时间内达到美肤的效果。

图 5.1 “三无面膜”

可以说，正是这些虚假伪劣产品，影响了微商的形象和声誉。

所以，要想成为一名合格的微商，就要重视产品，并从某些认知误区中走出来。那么都有哪些误区呢？

5.1.1 商品雷同

打开朋友圈、QQ 空间等，处处可见微商的各类广告，以至于有些人把它们称为“牛皮癣”。为什么人们会把微商的广告简单粗暴地归类为“牛皮癣”呢？除了暴力刷屏的因素外，还因为这些广告内容极其相似，甚至连推广的产品也高度雷同。

对用户而言，过多雷同的商品信息，会引发他们极度不耐烦的抵触心理，这也是心理学“超限效应”的体现；对微商而言，商品高度雷同的情况下，他们只能用压低价格来获取客户，这样不仅很难盈利，而且还会造成恶性竞争。

（1）洞悉客户的需求

有这么个笑话：兔子钓鱼，接连三日一无所得。到第四天的时候，鱼忍不住跳出水面大骂兔子：“你要是再拿胡萝卜当饵，小心我抽你！”想钓鱼就要知道鱼爱吃什么，想做微商就要知道客户想要什么。即使你的商品品质再好、价格再优惠，客户也不会买一堆毫无用处的商品回家。

（2）提供差异化服务

“顾客是上帝”，这个准则同样适用于微商时代。微商必须同客户们创建良好关系，深入地了解客户，开发出个性、另类的产品，杜绝“一刀切”，满足当下人们求新、求异、求变的消费潮流。否则，如果你提供的商品并没有出新出奇的地方，甚至连价格都与其他人差不多，凭什么客户要选你？

5.1.2 假货横行

有人问：“什么样的微商才能立于不败之地？”不同的人可能给出不同的答案，但其中绝对少不了诚信。要知道“人无信不立”，没有了诚信的微商，注定是没有未来的。

微商以社会化营销、便捷性、成本低、效率高等优点得以高速成长，但在成长的过程中，出现了泥沙俱下的现象。现在的微商市场鱼龙混杂，出现了一大批制假售假的不良商户，给消费者带来了巨大的权益侵害。

那么，微商如何做才算诚信？最起码做到以下三点。

第一，实事求是。

微商在和客户介绍商品的时候，一定要实事求是，尽量做到原材料透明化、产地透明化、功用透明化等，不能让客户遇到“货不对板”甚至“李鬼替李逵”的情况。

第二，守时。

当客户下单后，要及时发货、准时送达。对于微商而言，守时是诚信最基础的表现。

第三，售后有保障。

对于很多微商而言，售后保障是一个大难题。如果我们能做到售后有保障，不仅能收获好口碑，同时也能让我们从众多微商中脱颖而出。

5.1.3 频繁更换产品

很多微商的产品更迭速度非常快，前天还在卖服装，昨天开始卖面膜，今天就成了保健品，跨度之大令人瞠目结舌。

问一问微商，得到的回答是：多品牌、多概念、多产品，这样才能有发展。说白了，这种模式就是普遍撒网，其出发点就是想利润最大化。

这种做法固然有成功的例子，但大多数这样做的微商最后都关门大吉了，为什么？

多产品意味着每一种产品你都没有深入核心，推出的产品多且杂，找不到关键的支撑点，很难在某个领域获得长远发展。而且多产品导致我们的"微店"没有一个精准的定位，导致转化率不升反降。

既然频繁更换产品不好，是不是意味着微商只能做一种商品？如果这样想的话，只是从一个极端走向了另一个极端。

那怎么从这两个极端中找到平衡点呢？

（1）单一品牌＋不同产品

一提起炸鸡，很多人就会想起肯德基；一提起咖啡，很多人就会想到星巴克；一提起披萨，很多人就会想到必胜客。这就是品牌的效应。既然我们没有精力去了解每种产品的功能，那么就围绕一款产品做到极致。等到我们在这款产品的销售方面成为了权威，那么我们就可以利用这款产品形成的品牌效应，搭配销售别的产品。说白了，就是"爆款搭台，单品唱戏"。

（2）单一概念＋多个品牌

我们必须清楚了解客户的具体需求，要透过现象看本质。客户买车，买的是速度或生活方式；客户买面膜，买的是美丽或青春；客户买运动器械，买的是健康或形体美……了解了客户需求，再推广产品就会事半功倍。举个例子，如果微商经营的产品是减肥类的食品，可以想到客户的需求就是瘦、美，围绕着这两个需求打造瘦身美体的概念，辅以多品牌的产品推广，就会事半功倍。

5.1.4 不了解自己的产品

假如我们去商场买东西，看到两个不同品牌的商品，询问其功效、优点时，甲品牌的销售人员支支吾吾、语焉不详，而乙品牌的销售人员能熟练、流利地回答所有问题，那么你买谁的商品？

绝大部分人都会选择乙，因为他非常了解自己的产品，让我们觉得他就是这方面的专家和权威，能增加我们的信任感。微商也一样，想要增加客户对我们的信任感，深入了解产品是必不可少的一项工作。

郑某看到微商很火热，于是也投身其中，开了一家微店，经营的货品是纸尿裤。刚刚开业，他就忙不迭地在宝宝树等母婴论坛上发布推广信息，很快就吸引了客户上门。但在和客户交谈的过程中，郑某傻了眼。因为他不知道什么是红屁股，也不知道导流层的隔水效果和导流速度，更不知道拉拉裤和纸尿裤的区别……

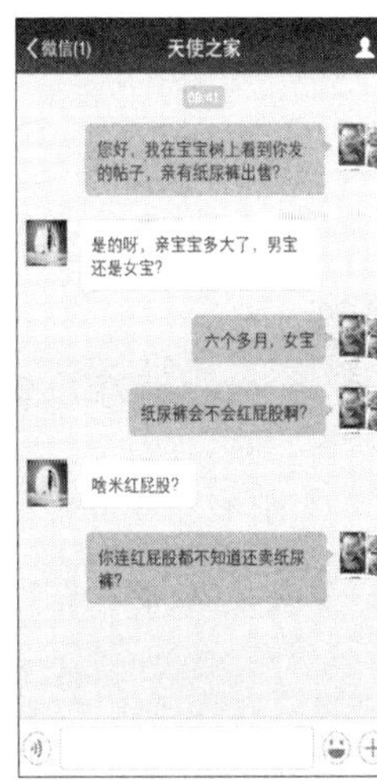

图 5.2 微商无法回答客户的问题

我们该怎么深入了解商品？

（1）了解商品的基础数据

微商必须了解商品的各项数据，比如什么材料制成、哪个地方出产、具体有什么功效、有没有副作用等，这些最基本的数据一定要了如指掌。

（2）了解商品的使用方法

了解商品的基础数据只是第一步，我们更要了解商品的使用方法，比如商品使用的注意事项、与什么商品搭配使用效果更佳等。就拿最常见的面膜来说吧，我们不仅要知道面膜怎么用，还要知道这款面膜适合什么季节、什么时候用，敷完面膜再用什么护肤品效果更好等。

（3）了解商品的具体定位

了解商品的各项数据和使用方法还不够，我们还要了解商品的具体定位，知道我们的商品适合哪类人，搞清楚到底为谁服务。就拿案例中的郑某来说，他不清楚自己的目标人群是宝宝妈妈，无法解答她们关心的问题，这注定了他的微商之旅会很艰难。

5.2 选择商品的三大原则

对于微商而言，选对商品不仅关系到你能否生存，还能决定你到底能走多远。

我们先来看一个案例。

2014 年 9 月，“三个爸爸”儿童空气净化器登上京东众筹平台，甫一亮相便引发了满堂彩，30 天内销售额即突破千万元大关。为什么“三个爸爸”会选择儿童净化器作为自身主打产品？原来他们前期调查了几百名消费者，发现在该领域内，老人和孩子是最容易引导消费决策的。所以，他们选择进入儿童净化器这个细分市场，并一举成功。

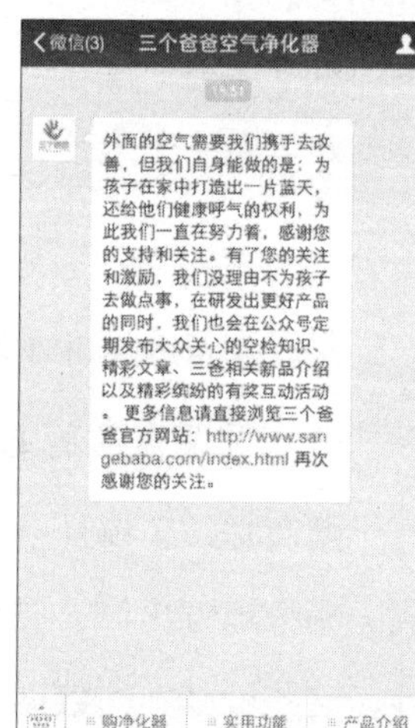

图 5.3 “三个爸爸”空气净化器公众号

微商在选择商品时要注意以下三个原则。

5.2.1 就近原则

眼看朋友圈、QQ 空间里到处都是海外“代购”，有些微商开始琢磨：“是不是到越远的地方进货越好？”当然不是，去哪里进货，和微商本身的条件是密不可分的。要尽量选择附近的特色产品，如新疆的朋友可以选择大枣、内蒙古的朋友可以选择牛肉干等，这样就是为了给客户留下一个印象：我的产品是最好的产品！

“食品界姜昆”是一位微商，他主打的商品是农产品。更确切点说，是他家乡烟台特有的水果，其中以个大脆甜的烟台红富士为主。苹果卖得怎么样？可以说供不应求。现在，“食品界姜昆”开创了“姜姜好”，不断地将其他特色农产品纳入自己的店铺中。

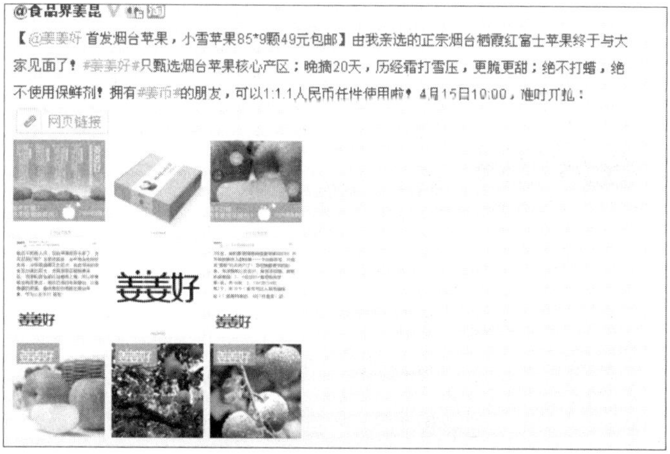

图 5.4　店主发布的预售微博

为何该店主将烟台苹果作为主打商品？答案很简单，“烟台苹果莱阳梨”，这些水果都有着非常高的知名度，很受市场欢迎和用户认可。

不光农产品是这样，很多产品都遵循这个道理，所以，微商应结合自身的地域条件，选择就近进货。

（1）有特色

很多事物都有其固有的标签，比如我们提起新疆，往往想起葡萄干、哈密瓜、羊肉串等，这些就是新疆的标签；提起山东，往往想到煎饼、苹果、金丝小枣，这些就是山东的标签。和我们有地缘关系的商品可能有很多，我们可以择优选择那些最具地域特色的商品。

（2）价格低

就近进货，能最大程度地降低成本，为微商增加利润空间。当然了，我们选择的商品虽然价格低，但一定要保持品质。

5.2.2 就熟原则

微商选择商品，除了就近外，还要尽量选择自己熟悉的圈子。什么是圈子？就是你熟悉的朋友，比方说一个人是学生，他最熟悉的圈子肯定同样是学生；一个 IT 行业的人，他最熟悉的圈子自然就是 IT 业内人士。微商可以从这个方面入手，选择你所熟悉的朋友们最爱购买的产品。

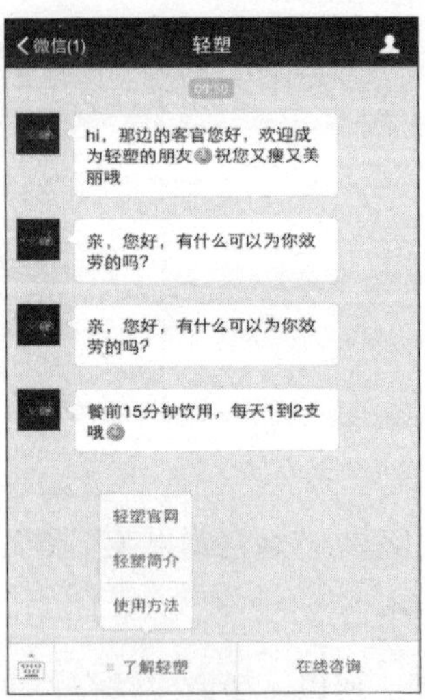

图 5.5　轻塑公众号

你相信不相信，一个空瓶就能实现一个商业梦想？这就是“中国第一品牌微商”李丹妮的故事。塑身果饮“轻塑”几乎是中国大陆市场的一个空白点，它采用日本顶级原浆提纯、萃取和冷链技术，具有美肌美颜与瘦身塑型双重功效，并且它具有一个极具想象力的产品描述：可以喝的瑜伽。轻塑品牌创始人李丹妮是影视明星，人品佳，人脉广，利用自己强大的人脉和熟悉的圈子，她才能一出手就大获成功。

微商们在选择商品时，如何利用就熟原则呢？

（1）选择熟悉的商品

俗话说“三百六十行,行行出状元”,所谓的“状元”就是精通某行业的人，换个行业，别说当“状元”了，可能连混口饭吃都是问题，比如一个一流的厨师可能连三流的裁缝都做不成。所以，我们选择商品前先要问自己：我们会什么？我们精通什么？

（2）选择熟悉的流程

选择商品人人都会，但是流程就不是每个人都那么熟练了。打个比方，在文玩行业，如何找到最适合的核农、怎样辨别核桃的成色、怎样与核农讨论价钱等，这些都属于流程。如果你不熟悉流程，往往就会晕头转向、步履维艰。

（3）选择熟悉的供货商

我们选择商品的关键，还包括选择供货商，选择不熟悉的供货商是存在风险的。打个比方，微商好比是河流的下游，而供货商则是河流的上游，如果我们不确定水源是不是干净就盲目提供用水，往往会造成恶劣的后果。

5.2.3 就源原则

微商要想做大，代理自然是不二之选，为了利润最大化和长期发展的需要，你选择的产品最好是货源上游，如果你就是厂家那自然更好，这样才能保证你招到更多的代理。对于新试水的微商而言，自然做不到这一点，那么我们怎么才能找到货源上游呢？

（1）微商货源平台

现在有很多货源平台，微商可以从中选择最适合自己的商品。比如微信货源网、淘客货源网以及窝窝微商货源网等。微信货源网创立较早，网流量比较大，功能比较全面；淘客货源网是从淘宝货源网转型而来的，它和淘宝有千丝万缕的关系；窝窝微商货源网专注于推广好卖的货源以及创业的思路和想法,用自身运营的项目来现身说法,有很多可供借鉴的想法和思路。当然，这些只是微商货源平台的一小部分，微商可以不断挖掘与尝试，找到最适合自己的那一家。

图 5.6　蓬勃发展的微商货源平台

（2）常规网站批发

除了微商货源平台外，微商还可以考虑常规网站批发，比如义乌购、阿里巴巴等。

阿里巴巴起步较早，品类齐全，认知度高，影响力也大。阿里巴巴的注册用户需要缴费，义乌购则是免费的，但是它只针对义乌商贸城内有实体店面的经营业主。虽然义乌购目前的名气还不如阿里巴巴，但是后劲非常大。

（3）注意招商信息

招商信息中往往也隐藏着商机，但是微商在选择的过程中，一定要擦亮双眼，仔细甄别招商信息中的诈骗信息。在这里提醒一句，凡是给人以“天上掉馅饼”感觉的招商信息，一定尽量绕着走。

除了上述三种方法外，还有厂家代销、市场批发等多种进货渠道。这些渠道没有好坏之分，适合自己的才是最好的。

5.3　选择产品的五大标准

在阐述选择产品的五大标准之前，我们先来看个案例。

2014 年 11 月，红枣品牌“好想你”涉足微商，逐渐建立起依托于微信的分销体系。好想你枣业对产品进行了个性细分——即食枣、枣博士、红枣干、健康情系列等，并针对不同的客户有针对性地推荐产品。同时，他们根据地域建立粉丝社群，通过深入挖掘红枣文化，将红枣历史、红枣养生、红枣民俗等应用到营销中，让更多的人了解了红枣的历史和用途，为公司的长远发展奠定了坚实的基础。

对于新入行的微商而言，产品决定了你的品牌能否一炮打响。如果前期的产品选择没有做好，那后期做的一切都会困难重重。选择产品没有什么成功指南，但是我们可以遵循下面这五大标准。

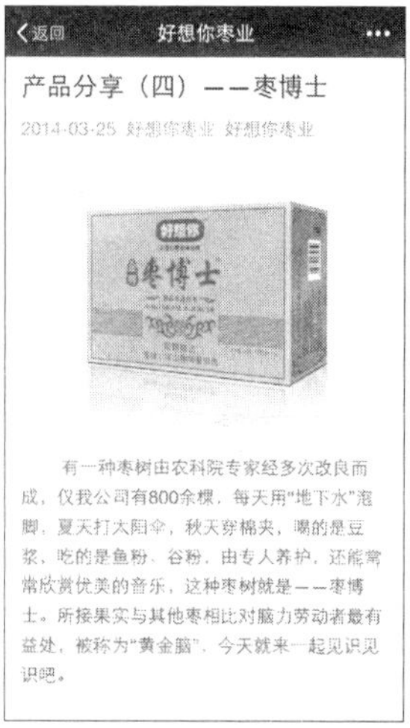

图 5.7　好想你枣产品“枣博士”

（1）要想产品卖得好，货真价实少不了

微商选择商品的第一条标准就是货真价实。选择货真价实的商品，能增加客户的信任度，为后续的交易打好基础，让新客户成为回头客，让微商得以迅速发展。

（2）要想产品卖得好，别忘了因势利导

什么是因势利导？很简单，我们要选择的商品要处于上升阶段，是朝阳产业。小米的创始人雷军曾经说过，如果找到“风口”，就是一头猪也能飞上天。目前微商可选择的朝阳产业都有哪些呢？和健康息息相关的产业，和教育密切相关的产业，以及现代农业、医疗、娱乐等方面的产业，都是不错的选择。比如现代农业，很多商界大佬都涉足其中，褚时健的褚橙、柳传志的柳桃等都是大家耳熟能详的商品。

（3）要想产品卖得好，还得市场有需要

到底选择什么商品，不是微商说了算，而是市场说了算。我们选择的商品，必须拥有一定的“人气”，也就是说市场有需要。那怎么判断某种商品是不是具有市场需求呢？最简单的方法就是做调研。我们在上文中曾经介绍过“三个爸爸”儿童空气净化器，在推出商品之前，他们就做了大量的调研。

（4）要想产品卖得好，适合自己最重要

选择产品，和谈恋爱有异曲同工的地方。就像我们无法和不爱的人长相厮守一样，不适合自己的产品我们也无法做好。打个比方，朋友圈里护肤品销售火爆，但一个从不做护肤的人跟风做这个，极有可能会无功而返。

（5）要想产品卖得好，增加复购少不了

在说明这点之前，我们先区分两个词：刚需和特需。什么是刚需？就是大家日常必须用到的消耗品；什么是特需？就是在特别场合、特定时间才需要的商品。想提高复购率，我们就要区别对待刚需品和特需品。前者最好走薄利多销的路线，而后者则要走单价高利润高的路线。

5.4 做好产品分类，锁定目标客户

俗话说“众口难调”，就算再好的大厨，也做不出所有人都满意的菜肴。这就决定了微商无法走“一招鲜，走遍天”的路线，只能将产品进行分类，锁定目标客户，继而有针对性地开展营销。

让我们看看海底捞是怎么做的吧。

被戏称为“人类已经无法阻止”的海底捞，是最早试水O2O营销模式的企业之一。进入移动营销时代后，海底捞的服务得更加到位。你讨厌排队？

可以通过微信自助服务，动动手指就轻松订位；你懒得出门？只需要输入送货信息，就能坐等美食上门；你精打细算？线上预订，就能享受到海底捞的“微信特惠价”……通过这样的服务细分，海底捞就对不同类型的客户更有吸引力了。

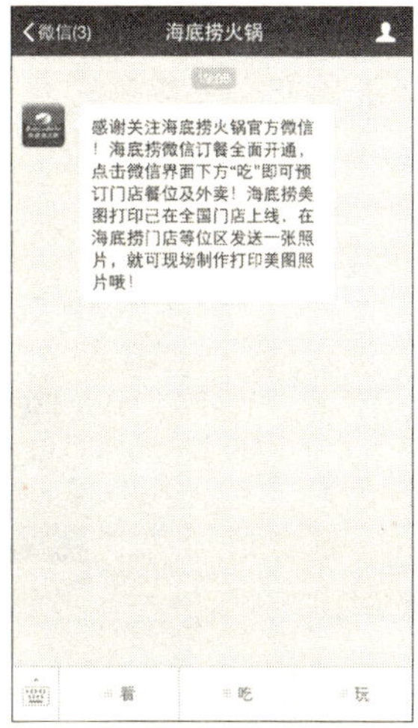

图 5.8　海底捞火锅

我们能从海底捞的案例中学到什么？

首先，一定要有“眼球产品”吸引客户，来完成引流工作。

其次，一定要有“成交产品”让客户心动，促成消费。

最后，一定要有“锁粉产品”让客户爱上你，提升客户的黏性。

5.4.1　“眼球产品”——让客户注意到你

现在早已不是“酒香不怕巷子深”的时代，必须让我们的“酒味”香飘万里，才能让客户在茫茫人海中找到我们，这是后续交易的前提和基础。

怎样才能让客户注意到我们呢？就需要“眼球产品”出马了。什么是眼球产品？顾名思义，就是具有吸引眼球这一特性的产品。

让我们看看 2015 年的一次众筹活动。

2015 年 9 月，麦兜旅行网在微信朋友圈里发了一则小广告——“逐爱大溪地，在最接近天堂的地方，让爱更出众”，吸引了大量用户的关注。

原来，京东和麦兜旅行网联合推出了一项众筹项目，众筹一架在 2016 年春节期间从上海直航大溪地的包机以及独有的私属岛屿，项目共分为六种不同类型的双人旅行套餐，众筹价格从 1.5999 万元 / 人到 6.9999 万元 / 人，所含套餐项目具有超高性价比。

据悉，大溪地众筹活动在9月15日12:00正式上线后，短短24小时，经济舱即全部筹罄，总价值超过663万元。

图 5.9　逐爱大溪地，让爱更出众

从营销角度来看，麦兜旅行在前期通过一系列颇有话题性、互动性、悬念性的营销手段，将此次众筹活动推到了未筹先火的风口。对优质IP旅行产品概念的释放，在增强用户期待感的同时，引发了外界极大的好奇，吸引了网友的广泛讨论和传播。

我们该如何打造属于我们的眼球产品呢？

（1）卖情感

兵法有云："攻心为上。"卖产品如何"攻心"？自然是利用情感了。微商"健身哥" 利用一条微信就卖出将近800盒的咸鸭蛋，他靠的就是卖情感："还记得我们小时候端午节吃的咸鸭蛋吗？现在的你还怀念那种味道吗？喜欢吃的朋友请留言，说出爱它的理由，送出十份咸蛋。" 简单的一条微信，却引发了人们怀旧的情感，进而产生购买冲动。

（2）卖个性

突出产品的个性，直截了当，一针见血，吸引客户注意。微信小游戏神经猫就是这样一款产品，一只表情夸张的猫在屏幕中扭来扭去，不管是技术还是图画都非常简单，但就是这样一款简单的游戏却受到了无数人的喜爱，就是因为它够个性。

（3）卖体验

与其说是卖体验，倒不如说是卖服务。我们可以围绕产品本身展开一系列的活动，让客户参与和体验，这种体验也能吸引来消费者。

5.4.2 “成交产品”——让客户留下

所谓“成交产品”，就是满足客户实际需求的产品，也就是客户实际购买的产品。

如果你去 VERO MODA 的门店消费，会发现那儿所有的服装上都有二维码。客户可以通过扫描二维码进入“微购物”页面，在那里能看到这件衣服的相关搭配。另外，只要客户愿意，还能享受“私人定制”般的服务——其微购物平台会有导购和你联系，定期为你推荐服装，提供试穿等服务。

图 5.10　VERO MODA 微购物

VERO MODA 微购物，就为客户提供了满足其具体需要的成交产品。

那么我们该如何为客户提供“成交产品”呢？

（1）满足需求

成交产品的第一要素就是满足客户的需求。常规做法是找到客户需求，之后根据客户需求提供他们需要的商品；另外一种做法是创造客户需求，即通过一系列的手段，让客户产生某方面的需求，而你的商品正好能满足该需求。

（2）凸显价值

成交产品的第二要素就是凸显价值，这种价值并不是靠微商“王婆卖瓜，自卖自夸”传达给客户的，而是要利用“危机意识”等小手段，让客户自觉自发地认为我们的产品价值高、物超所值。

5.4.3 “锁粉产品”——让客户成为你的粉丝

何谓“锁粉产品”？就是提高客户忠诚度，让其成为你的粉丝的产品。这种产品可以是有形的，也可以是无形的。

美国心理学家斯金纳在实验中发现，如果每隔 20 秒就对白鼠强化一次，在强化后，白鼠的反应就会停顿，然后反应速度增加，在下次强化到来之前反应率达到高峰，说明它学会了根据强化的时间进行反应。白鼠的行为效率趋势就如扇贝一样，因此，我们称之为扇贝效应。从行为学上的角度出发，良好的奖励能让人更容易关注一样东西，这是生物的趋利性本能。

我们可以利用扇贝效应对客户进行奖励和刺激，不断增强客户的黏性。而刺激的道具，就是锁粉产品。

我们来看看建设银行的作法。

建设银行非常善于利用奖励机制来吸引客户、提升客户的忠诚度。比如 2014 年世界杯期间，建设银行曾发起一次活动，只要客户们扫描并关注建设银行的官方微信公众号，参与猜球，就有机会赢得海量奖品。

图 5.11 建设银行的“锁粉产品”

我们该如何打造锁粉产品呢？

（1）外部锁粉产品

所谓外部锁粉产品，可以简单地概括为“如果我在这里，那么我就能得到”，最简单的就是能积分的会员卡。当积分到一定程度的时候，可以直接兑换或通过抽奖获取某些产品，或者可以抵用部分现金。

（2）内部锁粉产品

所谓内部锁粉产品，就是客户产生行为并得到奖励的一整套动作都发生在产品生态圈内部。我们用“三个爸爸”儿童空气净化器来举例,“三个爸爸”儿童空气净化器曾向很多网友采集意见，当其意见被采纳时，就能得到相关奖励，这就是最简单的体现。

第6章

做好推广，“微”力无限

chapter6

每一次媒体的变革都会带来人们消费方式和商家营销模式的变革，报纸、广播、电视及互联网的出现都证明了此点。如果微商的营销思维还停留在“桃李不言，下自成蹊”上，那就落伍不止一个时代了。我们必须将我们的产品、服务和品牌推而广之，以达到最大化吸引粉丝的目的。推广手段很多，我们择其精华介绍一二，以帮助微商在推广的道路上越走越好。

6.1　推广原则

那些成功的微商，要么微商本身，要么其所售产品，大都是极具特色的，甚至可能两者都如此。

有的微商会问，我本身没啥名气，产品也是“大路货”，又该怎么办？很简单，做好推广，将我们的产品广而告之，进而招徕客户。

在介绍如何推广之前，我们先来看一个案例。

7 天连锁酒店推出了一项活动：拥有“免费体验券”的会员，可以免费体验大床房。这是一项专门针对会员发起的活动，通过这种活动，他们将很多普通客户变成了铁杆粉丝。

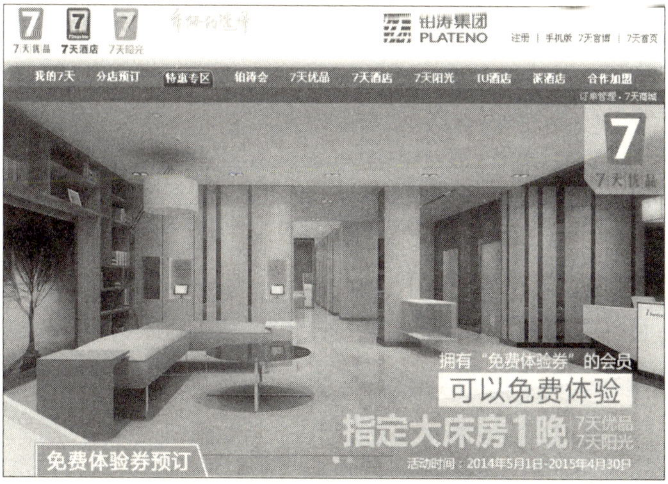

图 6.1　7 天连锁酒店的免费体验活动

案例中，7 天连锁酒店就是通过“免费”这一概念进行推广，通过不花钱的亲身体验，将很多潜在客户转化为忠实粉丝，这就是推广的魅力所在。

但是微商要注意：推广一定要有原则。我们举个例子：从北京到上海，你可以选择坐飞机，也可以乘高铁，还可以坐汽车，不管选择哪种交通工具，只有保证方向正确，才能到达目的地。

推广也是一样，一定要确保方向正确。怎么保证方向正确呢？微商需要遵循以下三个原则。

6.1.1 目标明确

人的一生不能没有一个明确的目标和方向。目标与方向主导了我们一生的命运与成就，它是驱使人生不断向前迈进的原动力。若一个人心中没有一个明确的目标，就会虚耗精力与生命，就如一个没有方向盘的超级跑车，即使拥有最强有力的引擎，最终仍是废铁一堆，发挥不了任何作用。

对于微商来说也是如此，如果没有明确的目标，不知道卖什么，不知道卖给谁，不知道怎么卖，谈何成功？

（1）明确目标人群

兵法有云，知己知彼，百战不殆。微商要想推广得当，明确目标人群必不可少。明确了目标人群，相当于在茫茫人海中找到了醒目的灯塔，能大大节省我们推广的人力和物力。

（2）推广方案要“私人定制”

明确了目标人群后，就要为目标人群“私人定制”推广方案。为什么强调“私人定制”？就是因为不能“一刀切”。举个例子，我们是卖小型绿色植物的微商，如果目标人群是每天对着电脑的白领，那么推广方案就要以“改善亚健康”“缓解颈椎痛苦”“降低辐射”等为切入点；如果目标人群是全职妈妈，那么推广方案就要以“提升空气质量”“给宝宝最好的空气”等为切入点。

6.1.2 内容简洁

这是一个推广信息满天飞的时代。好处是信息获取方便，俯拾皆是；坏处是客户对这些铺天盖地的信息逐渐产生“免疫力”，变得无动于衷。客户的“麻木不仁”只说明一件事，那就是我们的推广没有足够的吸引力。

好的推广要遵循一条重要原则：内容简洁。

张小凡拿微商当兼职，他主打的产品是绿色有机种子。推广的时候，他从不啰里啰嗦，只是介绍地种植方法，并配上绿意盎然的清新图片。

和有些整天刷爆朋友圈的微商相比，张小凡的成就反而更好。问其秘诀，答曰：“简洁。”

图 6.2 微商张小凡发的推广图片

微商该如何做到简洁地推广呢？

(1) 突出最亮的点

微商所推出的产品肯定各有千秋，难道要面面俱到地逐一介绍？打个比方，微商的商品是空调，我们与其拼命地宣传它技术如何先进、获得多少奖项，还不如直截了当地介绍它的亮点——制冷够快，非常省电。

（2）浓缩的才是精华

很多微商把写推广文案当成了写小说，他们长篇累牍、不厌其烦地详细介绍自身和产品的相关情况。这种推广内容,微商写着累,客户读着烦。所以，我们在推广的时候，要注意精简和浓缩。最好的方法是把大篇幅的推广内容变成小段落和关键点，保持简洁和切题。

6.1.3 保持心态

微商入行原因各不相同，有人是跟风而动，有人是阴差阳错，有人是见利心喜，有人是权作消遣……

而微商取得的成就也大相径庭，有人赚得盆满钵盈，有人赔得血本无归，有人做得不温不火……

如果注意观察，会发现那些做得比较好的微商大多在投身商海前做足了功课，包括心态方面和物质方面的，绝不打无准备之仗。可以说，有好心态的微商不一定能成功，但成功的微商肯定都有好心态。

接下来我们看一下微商有哪些致命的心态。

一夜暴富。这样的微商对自身的情况不管不顾，眼睛只盯着那些成功微商，一开始就给自己设定了月入十万、百万的目标。而一遇到挫折，最先打退堂鼓的也是他们。

漫无目的。这样的微商没有规划也没有目标，用近乎玩票的心态来做微店，走到哪儿算哪儿。

崇拜权威。这样的微商对那些成功微商有种近乎盲目的崇拜，只会硬搬照抄成功案例，奉行“拿来主义”，根本不管适合不适合自己。

……

微商杜泉最近很生气，他觉得自己被人骗了。骗子声称只要付费1000元，能在三天内为他招徕3000精准粉丝。可是杜泉付费之后，骗子很快销声匿迹。

像杜泉这样被骗的人不在少数，你什么也不用做，就能 3 天涨粉 3000？骗子就是抓住了很多微商急于求成和一夜暴富的心理，以至于这么简单的骗术都不断有人上钩。

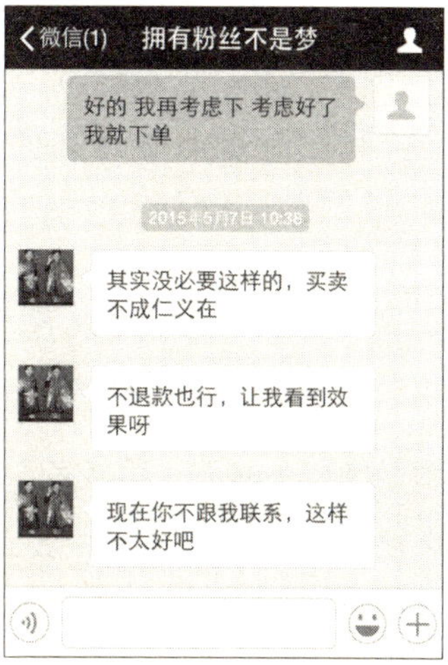

图 6.3　杜泉和骗子交涉

所以，我们需要“正”心态。那么“正”心态都有哪些呢？

（1）积极

我们既然选择了微商这条道路，就不能将其看成是一种“折磨”，而要当作一种历练，充满激情地去做，把一切困难都变成挑战，这样微商才能在不断的磨砺中成长。

（2）主动

并不是冠上微商之名，我们就无所不能了。我们欠缺的还非常多，要每天不断地去主动学习，将我们欠缺的短板补齐。

（3）包容

作为微商，必须有包容的心态。面对形形色色的客户，我们要包容他们的不同喜好、不同性格、不同习惯。只有拥有包容的心态，才有可能让不同的客户都感到满意。

6.2　选择好平台，助你做推广

同样的物品，处于不同的平台，价值便有所不同。比如同样一罐可乐，街头的便利店只卖几元钱，但在星级酒店就要几十元。所以，微商想要做好推广，选择合适的平台非常重要。

常见的推广平台有微信的公众号和朋友圈、微博、QQ群、App以及网站论坛等，这些平台各有优劣，就看如何利用它们。

我们看看万达是如何借助这些平台开展推广的。

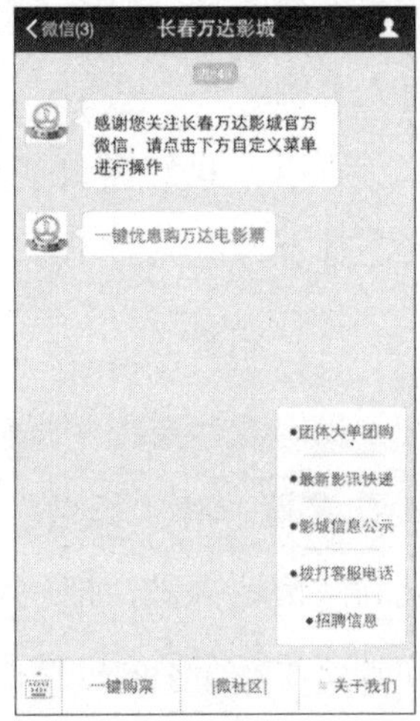

图6.4　万达影城微信公众号

万达影城属于传统行业，但他们在推广方面从不因循守旧。如果你想看电影，就可以关注万达影城的公众号。在这里，你可以查询上映影片、在线订票、在线选座，甚至评价分享。万达影城借助微信开展推广的效果如何？数据说明了一切：利用微信渠道，万达影城平均每天售出8000多张电影票。

接下来，我们就结合不同的平台，谈一下具体的推广方法。

6.2.1　微信朋友圈推广

微商，源于微博，火于朋友圈。可以说，朋友圈成就了微商的今天。

现在很多人对朋友圈推广颇有微词，这说明微商没有把握好推广的“度”。推广过度则会成为“暴力营销”，最终很可能只有被拉黑一途；推广不足，则会成为“无用营销”，白费时间和资源。

我们先看一个案例。

龙凤呈祥影楼提倡全员微信营销，所有员工每天都要添加1到3名同城微信好友。算下来，七十多名员工每月就能添加近万名本地的微信好友。接下来，员工们在自己的朋友圈发起推广活动——在龙凤呈祥拍摄婚纱照、写真集，能获得免费婚纱、照片墙等。施行该活动后，不仅来店客户明显增加，客户成交率也提升不少。

我们通过这个案例得到哪些经验呢？

（1）积少成多

案例中的影楼深谙“贪多嚼不烂”的道理，所以每天让每个员工只添加 2 名好友，积少成多，助力微信推广。我们也可以如法炮制，注册一些新的微信号，每天加两三位好友。有的微商看到这里开始眉开眼笑：一天加 3 人，一个月就是近百人。先别忙着高兴，只顾埋头推广，会容易引起别人的反感。我们要适当地和他们进行沟通，哪怕只是聊一聊天气，也不能一上来就进行推广。

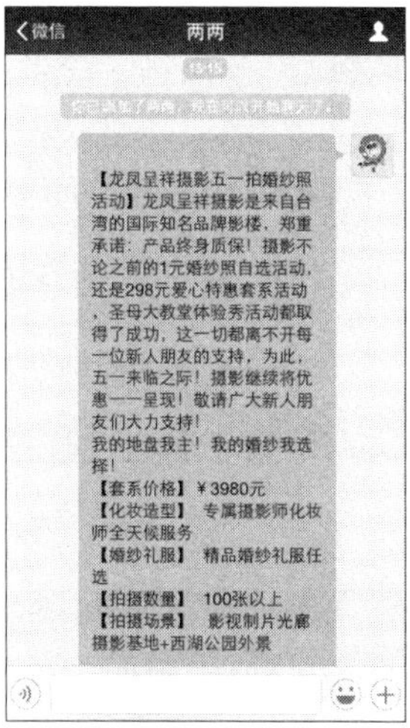

图 6.5　龙凤呈祥影楼通过微信进行推广

（2）追赶潮流

人们都会对流行的、时髦的东西缺乏抗拒力，他们愿意接收这样的信息，也愿意将它分享给自己的好友。所以，我们在借助微信推广的时候，一定要紧靠潮流，将时事、热点、时尚、风潮与我们的商品结合起来。

6.2.2　网站推广

很多微商割裂了移动互联网和互联网的关系，甚至把两者对立起来，这是非常不正确的一种做法。

推广也是一样，如果我们能做到网络推广“大河满”，势必就能让移动互联网推广“小河流”。

微商子涵妈是个“博客达人”，她长期在博客上分享各种美食的作法以及育儿心得，慢慢地就有了很多铁杆粉丝。后来，她干脆开了个网店，专门卖自己博客上提到过并使用过的各种商品，生意很红火。微店兴起后，她又做起了微店。那些博客上的粉丝，就像是闻见花香的蝴蝶，又寻香来到了她的微店。子涵妈不管多忙，都会定期更新博客，以吸引更多的人来到她的微店。

如果我们要利用网站进行推广，具体该怎么做呢？

（1）别忘了论坛推广

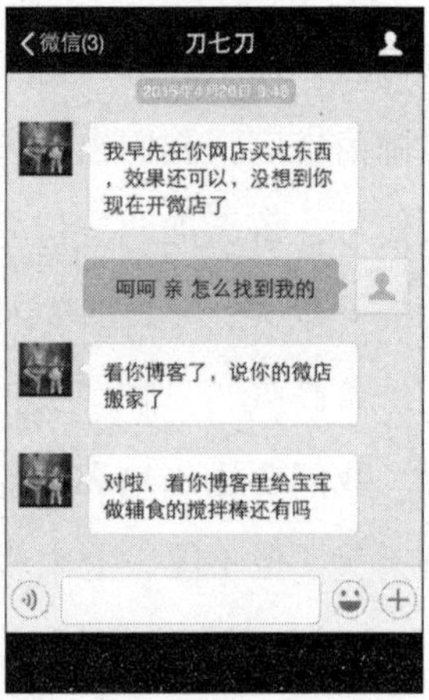

图 6.6 微商子涵妈和客户交谈

很多人一提起论坛推广，就摆出一副“过来人”的姿态，连连摆手称“没有用”。如果你觉得论坛推广没有用，那就说明你没有在论坛建立信用度和知名度。怎么建立？我们可以发一些比较热的帖子，或者一些引人注目的文章，或者积极地为论坛用户解答相关问题。

（2）少不了博客推广

在很多人的心里，博客已经是明日黄花了。其实，现在很多真正有内容的博客依然非常受网民的欢迎。我们要做的，就是打造这样一个受追捧的博客，之后再将我们的产品和盘托出。注意的是，我们所打造的博客一定要和我们的商品息息相关。打个比方，我们的微店主要经营的是孕婴产品，那么我们的博客要以孕婴知识及育儿经验等为主。

6.2.3 微博推广

微博推广，是指借助先进多媒体技术手段，以文字、图片、视频等展现形式对产品进行描述，从而使潜在消费者接收到更形象、更直接的产品信息。微博最显著的特征就是传播迅速。一条关注度较高的微博，可以在短时间内通过互动性转发抵达网络世界的每一个角落。同时，微博易于通过粉丝进行病毒式传播，名人效应也能使微博传播效果呈几何级放大。

这些特性决定了如果我们选择微博进行推广，同样也是广阔空间、大有可为！

世界杯决赛在即，洽洽食品推出了“靠巴西赢大洽洽”的活动。东道主巴西队每赢一场比赛，洽洽就送出 2 米高的超级装瓜子，并发布搞笑视频和搞笑海报，在微博上发起比赛预测。洽洽用超级大瓜子来“诱惑”网友参与活动，同时获奖网友又晒“瓜子”照片，一进一出，引来粉丝无数。

图 6.7 洽洽食品发起的微博推广活动

既然微博营销这么给力，我们具体该如何做呢？

（1）找准话题

微博推广想要火，首先就要找准话题，比如案例中洽洽找的话题是大热门世界杯。怎么找话题呢？大家可以注意看门户网站的首页，点击热点新闻，不管是民生还是娱乐，只要你找到与你产品沾边的热门话题并迅速采取行动，就能帮助你提升人气。

（2）内容连载

日本动漫《海贼王》已连载十多年，动漫迷们每天都抓心挠肝地等着《海贼王》的更新。我们的微博内容也不能“一目了然”，最好设置成连载的形式，吊足客户的胃口，吸引客户的关注。

（3）规律更新

和微信朋友圈一样，微博推广也要注意时间和频率，尽量形成一定的规律。一般来说，每天发微博不要超过10条，发布时间可以选择上午9点、中午12点、下午4点、晚上8点之后，这几个时间段微博用户相对比较活跃。

（4）勤办活动

要做好微博推广，一定要注意定期举办活动。举办活动有几方面的好处：对于“潜在客户”，能吸引他们的目光；对于“初级粉丝”，能增加他们的忠诚度；对于“铁杆粉丝”，能最大程度地把我们和竞争对手区分开。

6.2.4 QQ群推广

很多微商都把眼光局限在微信、微博上，却忘了QQ。要知道，QQ群是目前中国最大的群体社交产品，它的广告价值和市场地位至今还是无人可以撼动的。

如果能巧妙利用QQ群进行推广，那么微商就像掌握了屠龙宝刀，做大做强指日可待。

微商晓彤在QQ群里聊天时，发现有人竟然在群里推荐淘宝商品，她突发奇想，如果用QQ群来吸引人气推广她的产品行不行？事实证明，此路畅通。因为晓彤已经在这个群里待了很长时间，平时也很活跃，并且还是群管理员，群员对她很信任。所以，晓彤的微店很快就迎来一波购物小高潮。

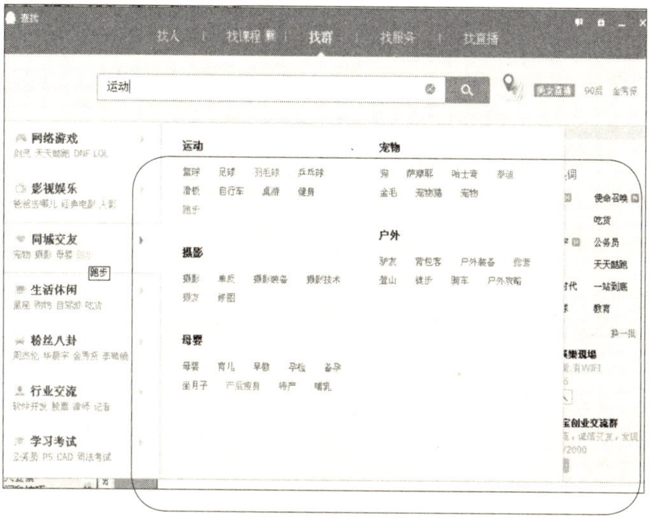

图 6.8　分门别类的 QQ 群

那么我们该如何利用 QQ 群这个推广利器呢？

（1）选好 QQ 群

QQ 群数不胜数，我们不可能全部加入，那么如何选择最适合我们的？首先，要看人数，要选择人数较多的 QQ 群，这样有利于提升推广效率；其次，要选择和我们的产品息息相关的 QQ 群，比如我们的产品是运动器械，就可以选择加一些运动群；最后，加群的时候最好进行简单的自我介绍，这样更能凸显我们加群的诚意。

（2）培养感情很重要

很多微商一入群就着急地卖产品，这样容易让人给你打上一个标签——推销的，进而对你不理不睬或直接踢出群。所以，我们应该先和群里的成员进行沟通，培养感情，之后再进行推广，这样最起码不会惹人反感。

（3）打入内部

对一个 QQ 群来说，里面的老成员往往拥有一定的“权威性”。如果我们先将这些老面孔变成“自己人”，那么营销起来就会很容易。

（4）利用好 QQ 群邮件

QQ 群的邮件可以群发，让每一个群员都收到。但是，很多人对群邮件的态度是看也不看一眼就扔进回收站。所以，我们一定要给群邮件一个非常棒的名字。比如“一生痴绝处，无梦到徽州”的标题，是不是比“徽州二手车转售”更有吸引力？

6.2.5 手机 App 推广

随着移动互联网的蓬勃发展，App 推广也成为微商青睐的手段。App 本身具有很强的实用价值，用户可以通过下载 App，让手机成为一个生活、学习、工作上的好帮手。而且 App 推广的妙处在于一旦用户将应用下载到手机，其中的各类任务或趣味性的竞猜会吸引用户，不断提升用户黏性。

App 推广的典型案例非“疯狂猜图”莫属。疯狂猜图中融入了很多广告品牌，比如将“百事”的 Logo 作为猜图游戏的一部分，既达到了推广的目的，同时还不影响用户玩游戏的乐趣。

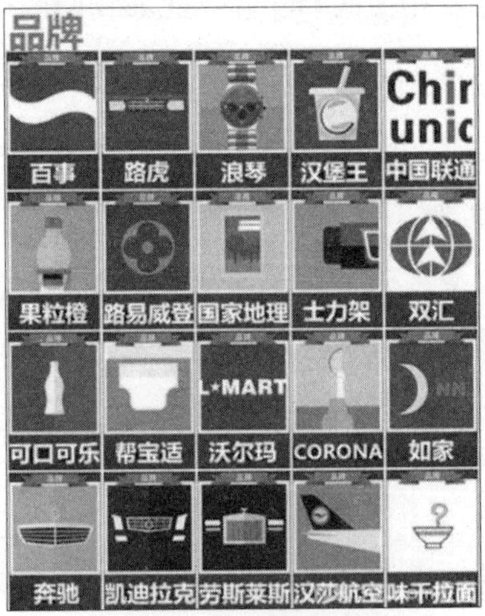

图 6.9　疯狂猜图

将背景、道具、内容等植入到 App 之中，这属于常规做法，如果我们想“不走寻常路”又该如何？

（1）插入 App

就像看电视剧时中间会插播广告一样，我们也可以在 App 中插入我们的推广信息。需要注意的是选择好插入时间，最好是开启的等待时间或者是暂停以及退出的时候，以免招致用户的反感。

（2）名称推广

我们可以将推出的 App 和热门搜索词汇结合起来，当客户进行搜索时，往往就能搜到我们。打个比方，世界杯很火，我们就可以把应用名字改为“世界杯 +×× 产品名”。当人们搜索世界杯的时候，就能找到我们。当然，一定要确保自己的产品跟这些热门词汇相关，如果两者风马牛不相及，只会徒增用户对你的反感。

6.3 内容好才是硬道理

微商的推广手段可谓“八仙过海，各显其能”，但无论哪种推广方式，都绕不开“内容”。一篇内容好的推广文章，能带来超乎我们想象的阅读量，我们的粉丝也会成百上千地增加。

微商“暖暖的爱”很喜欢写一些感悟类的文章，儿时的玩具，妈妈做的饭，青涩的初恋，被家长逼婚，大龄“剩女”的困惑等，这些内容都非常容易引起人们的共鸣。就这样，她的粉丝越来越多，当然了，她那家专门经营彩妆组合的店铺也经营得红红火火。

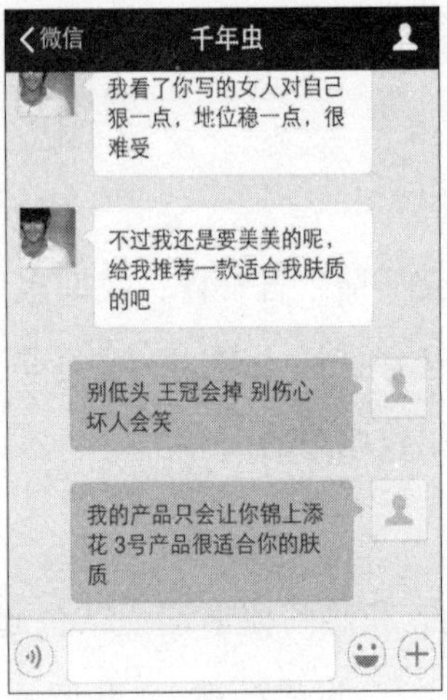

图 6.10　微商和自己的客户进行沟通

尽管大家都知道内容很重要，但不是每个人都有好文采。那怎么做才能让我们的文章更吸引人呢？

6.3.1　为文字配上图片，让它更有吸引力

相比较而言，搭配了图片的文字比长篇累牍的纯文字更有吸引力，就像贴吧、论坛、QQ 群中人们经常说的“有图有真相”一样。

同样的蔬菜，同样的调料，不一样的人会烹制出不一样的口味。同样是配图，有人配得恰如其分，有人配得画蛇添足，我们在配图时应该注意什么呢？

（1）配图有水印

我们所选的配图最好是独家图片，万不得已借用别人的图片时，一定要注意图片上是否有水印，否则一看就知道是“盗图”，会让客户难以信任我们。

（2）配图要走心

我们配图的时候不能赤裸裸地放上产品的图片，最好放一些“走心”的

图片，让它和我们的文字相映成趣，更具有感染力。

（3）配图要美容

很多微商说：“我又不是专业的摄影师，虽然想拍一些美丽的图片，可是有心无力啊。”其实，我们不需要学习专业的摄影技术，完全可以借助美图秀秀、海报工厂等美图软件对图片进行处理。另外，图片上别忘了加上我们的 Logo 或者二维码。

6.3.2 排版有秘诀，给你的版面做美容

做菜讲究色香味俱全，推广也一样，除了内容，也要注意美观。

（1）位置

我们推广的是产品，所以不管发表什么内容，千万别忘了我们的二维码或者 Logo。可是它们要放在哪里呢？很多人喜欢把 Logo 或者二维码放在推广内容下面，虽然这样不容易引发用户们的反感，但容易让人忽视，不如放在版面的右上角。

（2）字体

排版的字体也很重要，一般来说，建议大家使用的字体最多别超过三种：一种用来撰写正文，一种用来突出标题，一种用来标示配图，让我们的版面简洁明快。

（3）色调

色调也要统一，围绕着我们的主题选用统一的冷色系或者暖色系。色调统一了，我们的版面就会变得非常干净。

（4）留白

画如果过满过实，在构图上就失去了灵动与飘逸，显得死气沉沉；而有了留白，便给予观赏者以遐想和发挥的空间。我们在排版的时候，也要注意

留白，在行与行之间留下一点空白，让读者的眼睛得到休息，并有了想象的空间。

（5）简短

尽量避免出现大段文字，如果有，也尽可能地拆分。因为我们要考虑到手机屏幕大小的因素，拆成小段落，用户的阅读体验会更好一点。

（6）摘要

在正文之前，千万别忘了写一段摘要。摘要应尽量简短，但要足够吸引眼球。可以是一句非常富有哲理的话，也可以是流行段子，只要能吸引来眼球，那么你便成功了一半。

6.3.3 内容加上小尾巴，带着客户到你家

有的微商煞费苦心地写好了软文，反响不错，正准备再接再厉的时候，却发现别人也在用自己的原创，费尽力气却为别人做了嫁衣。

如果遇见了这样的情况，说明你的内容没有加上“小尾巴”。什么是“小尾巴”？就是版权信息。因为你不知道你的内容会被分享到什么地方，加上“小尾巴”，才能让客户找到你。

那么常见的“小尾巴”都有哪些？

（1）微店

通过二维码的方式，把我们的微店链接紧缀内容之后。

（2）名字

我们可以给自己取一个响当当且独一无二的名字，每次我们发布原创的内容都用这个名字，那么这个名字就成为了我们的品牌，推广起来事半功倍。

（3）产品

我们可以在内容后缀上我们的产品，并进行多角度的介绍。但要记住，

一定打上水印，表明自己的独一无二。

6.3.4 巧置关键词，让客户轻松找到你

如何让客户从数不胜数的微商中找到你？肯定不能仅凭“缘分”。想让客户找到我们，我们可以巧妙设置关键词。

（1）逆向思维

想要鱼上钩，就要知道鱼儿爱吃什么。同理，想让客户找到我们，我们就要知道客户们在搜索同类产品时往往会选择什么作为关键词。

（2）不拘一格

所谓的“不拘一格”，就是跳出微商的固有思维。举个例子，假如我们是做新农业的微商，我们可以设置“有机”“新鲜”“绿色无污染”等作为关键词，但是经营同类产品的微商也极有可能选用同样的关键词。怎么办？这时我们就可以“不拘一格”，在这些关键词上再加一些内容，比如“大学生自主创业”“扶贫”“农家粪肥”等。

（3）海纳百川

我们可以将一切有所关联的要素都纳入到关键词中来，比如产区、生产厂家以及产品“爆点”等。举个例子，我们是做蛋糕的微商，我们就可以将“北京”“蛋糕”“快速”“新鲜”“赠送鲜花”“当天送达”等都作为关键词。总而言之，就是要撒大网，捕捉每一位可能成交的潜在客户。

（4）名副其实

尽管我们设置关键词是为了推广，但绝对不能“挂羊头卖狗肉”，一定要做到名副其实。打个比方，我们是做地方特色产品的微商，用户通过搜索“××地自助旅游攻略”搜索到了我们的推广信息，结果打开一看全部是自己微店和产品的推广信息，对方一定会非常反感。正确的做法是：详细地介

绍“××地旅游自助攻略”，在风土人情或当地特色的小版块里，再插入我们的产品信息。

6.4 巧用工具来推广

对于用户们而言，微信、微博或者QQ群等都是实用性和趣味性很强的小应用；而对于微商而言，这些应用都是推广的好帮手。如果我们能充分而巧妙地利用这些工具，我们的微商之路将能走得更远。

我们看一下微媒体公众号的做法。

微媒体微信公众号算是公众账号里的“老资格”，而它的招牌，就是关键词搜索功能。因为微信公众账号每天只能推送一条信息，这一条信息显然无法满足各式各样的订阅者。针对用户这方面的需求，微媒体就提供了关键词搜索的服务。只要用户输入自己想要知道的问题的关键词，就能接收到相关信息。

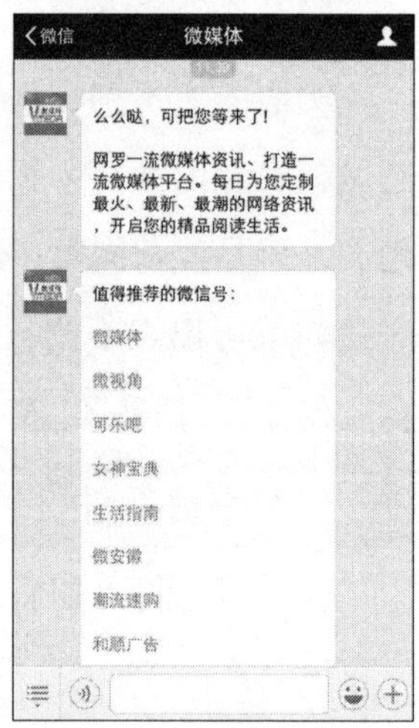

图6.11　微媒体公众号

除了关键词搜索以外，我们还能利用哪些工具呢？

6.4.1 微信搜索，让客户找到你

目前微信搜索分为两个部分：微信内的搜索以及以搜狗为平台的“微信搜索”。和传统搜索引擎不同的是，微信搜索更侧重于搜索个体——联系人、群或者是微信公众号，甚至是附近的餐厅等；搜狗上的“微信搜索”分成两

大块——微信公众号和微信公众号里的文章。

微信搜索能搜索到个体的特性，简直是为微商量身定做的。微商只要能让自己的名字出现在搜索结果中，推广就成功了一半。

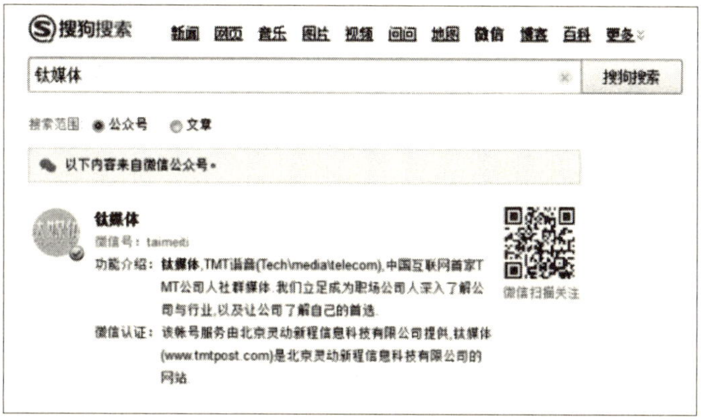

图 6.12 搜狗上的微信搜索

那么常规的操作有哪些呢？一般人们都会为自己的公众号内容设置比较个性甚至耸人听闻的标题，以吸引用户的眼球；同时，加强公众号内容的质量和原创性，以期提高转发率，提升用户黏度；另外，努力加强与粉丝客户之间的互动更是必不可少。

而我们现在说的，是些非常规的手段。

（1）事件拦截

何谓事件拦截？其实很简单，就是将所发布的内容的标题同当下的热点事件巧妙联系起来，或者公众号文章内容涉及该热门事件。

打个比方，某当红明星结婚成为热门娱乐事件，我们完全可以利用这件事，对用户加以拦截：我们可以发布一个以“××明星结婚对象，原来一直用这种护肤品”为标题的软文。

（2）关键词拦截

关键词拦截和事件拦截相似，不同的是，关键词拦截更为灵活。我们可以将关键词分割嵌入到标题和内容中去，却不影响搜索出的结果。

微商必须学会换位思考：“如果我是客户，我想选择该款产品时，会搜索什么关键词？”怀着这样的疑问，再对微信公众号上的内容、标题进行二次编辑。

6.4.2 漂流瓶，带着你的产品走四方

漂流瓶原本是 QQ 邮箱里的一款应用，后来被移植到微信上，基本功能没有发生改变。利用漂流瓶功能，你能和陌生人进行简单的互动，所以不管是 QQ 用户还是微信用户，都对其爱不释手。

很多微商也将目光瞄向了漂流瓶，希望能用其进行推广。

华中科技大学几位学生开发出了华科版微信校内漂流瓶，这个漂流瓶依托于该校官方微信。用户只要回复“漂流瓶”，就可以进入到“漂流瓶”模式，既可以选择“丢瓶子”，又可以选择“收瓶子”。效果如何呢？短短 3 天，微信后台的回复量便高达 4 万条。

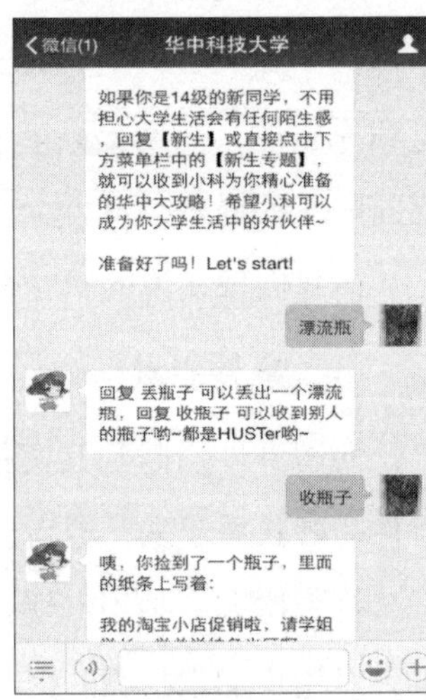

图 6.13 华中科技版微信漂流瓶

利用漂流瓶进行推广时需要注意哪些问题呢？

（1）不能只推销不促销

如果漂流瓶里的内容就是纯粹地推销产品，无疑是让人排斥的。可如果换成有奖问答呢？或收集拼图换大礼呢？或参与即可抽奖呢？或扫扫二维码就能领取手机话费呢？效果肯定截然不同。我们可以将多种促销方式同漂流瓶完美结合，以达到推广的目的。

（2）不能太单调无趣味

漂流瓶中的内容不能过于单调，以免用户没有读下去的兴趣。你可以在其中加入语音，或动听的歌声，或幽默的笑话，务必让捡到瓶子的人产生兴趣，增加其互动的积极性。

6.4.3 没事摇一摇，提高曝光率

认识陌生人，结交新朋友，不断扩大自己的交际面，是微商做大做强的必由之路。“摇一摇”就是一个很好的结识陌生人的工具。

珠宝品牌周大福就是通过“摇一摇”来提高曝光率的。

周大福是“微信摇一摇”的第一批商户。他们线下的 240 多家门店参与了活动，通过“摇一摇”向客户派发礼券和实物。这次活动反响很大，互动超过 10 万次，极大地提高了周大福的曝光率。

图 6.14 周大福复兴门的任性“摇一摇”活动

微商该怎么借“摇一摇”的东风来推广自己？

（1）由近及远建圈子

通过“摇一摇”，我们可以找到同一时间摇动手机的人，这些人有的近在咫尺，有的远在天涯。这时，我们不能照单全收，而应有所选择。最好的办法就是由近及远，将“摇”出来的个体逐渐编成一张交际网，然后将这张网不断扩大。在你编织这张网的过程中，你的信息也就传播开了。

（2）巧用音乐和视频

现在微信“摇一摇”也能“摇”到歌曲和视频，这个新功能给了微商无

限的操作空间。我们可以录制与产品相关的有趣音频或者搞怪视频，这样用户在“摇”到你的时候，更容易对你产生兴趣。

6.4.4 附近的人，往往是你的客户群

LBS 是基于位置服务的英文缩写。通过这种功能,附近所有的餐饮、购物、休闲娱乐等商户信息，都能一目了然。

微信结合 LBS，推出了“附近的人”功能。通过查看“附近的人”，就能找到自己附近的微信用户。要知道，每一个微信用户都可能是你潜在的客户。况且因为地缘的关系，这种潜在客户一旦成为你的客户，他们的黏性和忠诚度会更高。

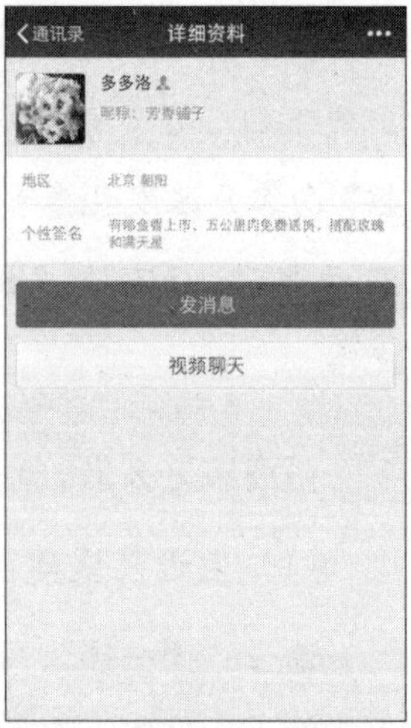

图 6.15　签名档变身广告栏

微商“我思故我在”在小区开了一家花店，签名档是她免费的“广告牌”，每天都有什么新鲜花卉，一一罗列其上。这样大家再搜索附近的用户时，就能看到她发布的产品信息了。

微商们如何巧妙利用“附近的人”功能呢?

（1）签名档＝免费的广告栏

当用户查找“附近的人”时，系统除了显示用户姓名等基本信息外，还会显示用户的签名档。签名档相当于免费的广告牌，微商要加以巧妙利用，将最引人眼球的信息填入其中，比如优惠信息、新品上架信息等。

（2）整合信息，进行精准投放

一般来说，客户的相关信息如年龄、地区、爱好等都会在个人信息以及签名档处有所体现。微商通过收集这些信息，对其进行分析，就能进行精准的广告投放，有助于提高推广的效率。

6.4.5 具有推广天赋的小游戏

几乎是一夜之间，小游戏“神经猫”刷爆微信朋友圈。仅仅上线三天，访问量已达上亿次。这上亿次的访问量会带来怎样的推广效应？会引发何种经济效益？想想就让人激动。

利用小游戏来做推广是很多商家喜欢用的手段，我们看看欧时力是如何做的。

作为知名女装品牌，欧时力早在“江湖”上闯出了名头。他们不仅线下遍地开花，线上也卯足了劲。2015 年 4 月，他们推出了“趣时尚”小游戏。用户只要扫描其二维码，就能测试自己的时尚值，而且凭借时尚指数，还能赢取欧时力服饰大奖。游戏一上线，立刻引发朋友圈分享热潮。

图 6.16 欧时力小游戏

微商如何利用小游戏来推广自身呢？

(1) 简单易上手

不管是“打飞机”还是“神经猫”，我们发现微信上火爆的小游戏往往都符合三个条件：简单、好玩、能“攀比”。因为这样的小游戏满足了微信用户的娱乐化需求——在朋友圈“炫耀”带来的心理愉悦。所以，微商一定要选择满足这三个条件的小游戏进行推广。

（2）好玩有奖励

利用小游戏来聚拢人气，那就少不了奖励。比如，微商可以同用户约定，完成某个任务即可得到实际奖励。利用这种奖励聚拢用户，可以更好地达到推广目的。

（3）成就可炫耀

成就同奖励不同，奖励给予的是物质上的满足，而成就给予的是精神上的满足。微商可以给予用户与众不同的称号或头衔，以吸引用户，达到推广的目的。

第7章

会听会说，方能无往不利

chapter7

微商不但得会“听”，还得会“说”。我们需要用倾听来了解客户的真实需求，还需要用诉说打开客户的心理防线。那么究竟怎样听、如何说？

7.1 叫醒你的耳朵

微商不能单凭产品品质来打天下，还要了解客户的购物习惯以及消费喜好。了解了这些，我们就能以此为切入点，来满足客户的消费需求。

某微商主要经营曼哈顿球、香蕉胶等婴幼儿玩具。尽管她的货品品质有保障，尽管她对每一位进店的客户都很热情，但是她的业绩始终不怎么样。让我们来看一下她和客户之间的对话，然后再分析一下问题出在哪里。

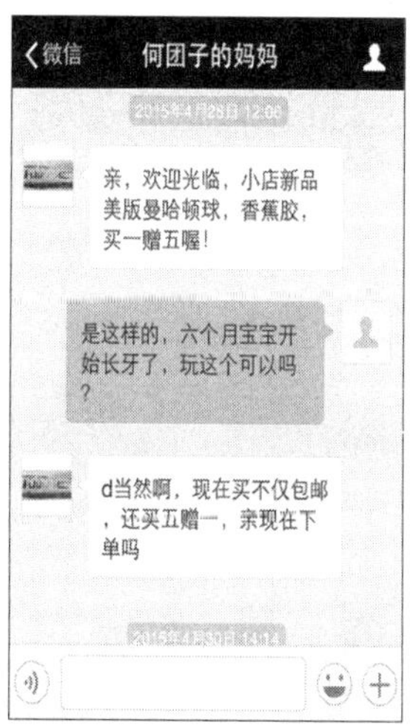

图 7.1　微商和客户之间的对话

很明显，这位客户想买的不单纯是玩具，而是帮助六个月宝宝开发智力、长牙等的工具。微商却没有意识到这一点，她没有解答客户关心的问题，只顾一个劲儿地强调“买五赠一”，注定了这是一次只开花不结果的交易。

那么这位微商应该怎么做？卡耐基的一句话可以作为答案：“在生意场上，做一个好的听众远比自己夸夸其谈有用得多。”

7.1.1 关键在于“问题”

怎么听才能达到最好的效果？那就是在对话过程中，充分运用我们的耳朵、我们的感情、我们的智力，把客户的话语整合成我们最终想要的结果——她/他需要的究竟是什么。

有的客户会直截了当地对你说需要什么，有的客户则不会。这个时候我们需要通过提问题，引导对方说出真正的需要。

微商“万紫千红”的生意一直不错，关键就在于她非常善于提问，每一个提问都密切联系客户的具体需求，通过这种方式，他很快就能了解客户需要什么，进而推荐合适的商品，成交率自然居高不下。

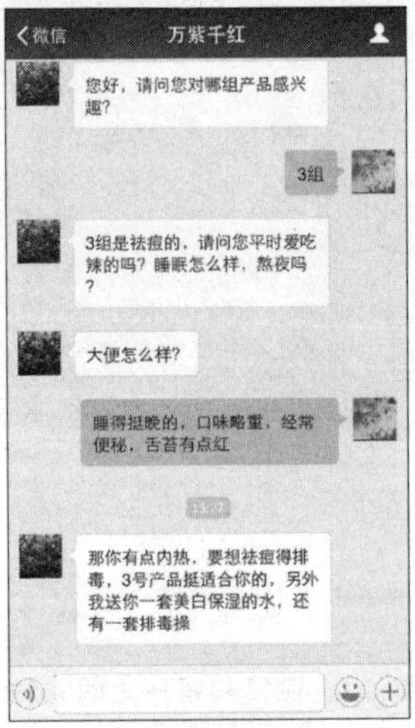

图 7.2 微商的提问很有技巧

我们在和客户交流的时候，如何提问题才能得到我们想要的答案?

(1) 开门见山

开门见山地直接提问，让客户说出我们想要了解的情况。

（2）提供选项

封闭式提问，客户只能回答“是”或者“否”，这样能让我们在最短时间内确认客户的需求，然后满足这种诉求。

（3）东拼西凑

我们可以问一些常规的问题，比如作息时间、工作地点、业余爱好等，看似无关紧要，但将其整合起来后，客户的基本“轮廓”就形成了。

（4）征求意见

我们可以向客户征求意见，比如“您觉得这件产品怎么样”“您还有什么不满意的地方”之类，让客户主动说出她的想法和意见，这有助于我们了解客户的真实需求。

7.1.2 从拒绝中找到切入点

微商最害怕听到的话大概就是这句了——我对你们的产品没兴趣。大部分微商听见这句话就会偃旗息鼓，转向另一个目标。

为什么客户会对我们的产品没兴趣？无非以下几种原因：第一，没有把产品的优势介绍给他，没能激起他的兴趣；第二，想货比三家，再多看看，以此作为拒绝的借口；第三，没感受到微商的诚意，不信任微商；第四，真正不需要。

其实，客户能找到你，就说明他对你的商品还是有需求的，所以，遇到客户拒绝时，不要马上放弃，而是要分析原因，从拒绝中找到切入点。

“夭夭么么”是位新手微商，经常遭遇“闭门羹”。很多人被她的推广吸引而来，但一交流就流露出“我只是看看，绝对不买”的态度，夭夭么么有些心灰意冷。有一天，一位客户又拒绝了试用，夭夭么么反问：“为什么拒绝试用呢？”客户说了实话：“怕出现副作用。”夭夭么么乐了：“水果能出现什么副作用？如果你害怕农药残留的话，可以削皮吃啊。”客户还在犹豫："如果是转基因的怎么办？”夭夭么么说："我们的水果都有身份证哦，可以在中国食品农产品认证信息系统中查证真伪的。”客户终于答应试用，从此一发不可收拾，成为她的铁杆粉丝。

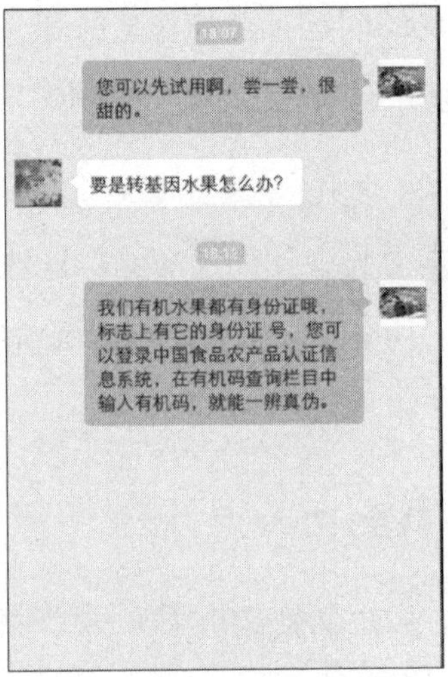

图 7.3　微商和客户进行交流

（1）坚持坚持再坚持

“绳锯木断，水滴石穿”，说的就是坚持的力量。微商们千万不能因为遭遇拒绝就轻易放弃，从潜在客户到铁杆粉丝，可能差的就是你那一份坚持。

（2）细心细心再细心

客户的拒绝往往隐藏着成功的信号。我们要做的，只有细心细心再细心，从细枝末节中找到客户真正的关注点，进而打消客户的顾虑，帮助客户作出购买决策。

7.2 根据客户性格确定说话风格

微商是一个需要与人交流的职业，“一招鲜，吃遍天”是行不通的。在与客户交流的时候，微商的说话风格绝对不能搞“一刀切”，而是要“看人下菜碟”。

微商常遇见的都有哪些类型的客户呢？

（1）随波逐流型

因为没有亲身体验过，这类客户会比较倾向于参考别人的经验。这个时候，最好让别的客户来现身说法，更能打动对方。

（2）一知半解型

这类客户对产品一知半解，为了避免被微商“蒙骗”，努力表现出一副懂行的样子，经常说“我知道你这种产品”“我有个熟人也是做这行的”等。当遇到这种客户的时候，我们可以顺着他们的话说，降低他们的防备心理，让他们转而信任我们。

（3）高高在上型

有些人生活环境优越，在和微商交流时，他们总会有意无意地透露出优越感。面对这样的客户，我们要努力让他相信，使用了我们的产品，他们能更优越。

（4）稳打稳扎型

这类客户比较理智，总是用“怀疑”的目光来审视微商以及微商的产品。面对这样的客户，我们只有让产品的品质说话，比如让他们免费试用等。这类客户最大的优点就是，如果他们认可了我们的产品，就会成为我们的铁杆粉丝。

（5）可有可无型

对于这类客户而言，我们的产品并不是必需品，买也可以，不买也可以。面对这样的客户，很多微商都有“老虎吃天，无处下嘴”的无力感。其实，如果能突出产品的个性，强调产品的无可替代性，就可以打动他们。

（6）谨小慎微型

这些客户非常谨慎，担心上当受骗，对产品的产地、功能、生产厂家、参数、保质期等各项数据都要一问到底。面对这种客户，我们只有全面地介绍我们产品的各项功能以及卖点，并强调“如果收到货品有什么不满，可以在 × 天内退货”，强调我们良好的售后服务，免除该类客户的后顾之忧。

（7）好奇宝宝型

这类客户对微商以及微商的产品充满了好奇，并乐于体验一下这个“新鲜”事物。所以，比较容易成交。

7.3 产品一枝花，介绍来当家

交流讲究语速、语调、语音，推荐产品同样如此。有的微商天生口才好，将产品介绍得非常棒，业绩自然不错；而有的人天生不善言辞，怎么办呢？

7.3.1 深挖卖点，拒绝泛泛介绍

三流微商卖产品，二流微商卖服务，一流微商卖标准。想做一流微商，我们就必须不停地找到产品的卖点，并将卖点无限放大，去打动眼界越来越高的客户。需知，不管多么理性的人，都有感性的一面，就看我们的叙述是

不是足够动人。

产品都有哪些卖点等待我们发掘呢?

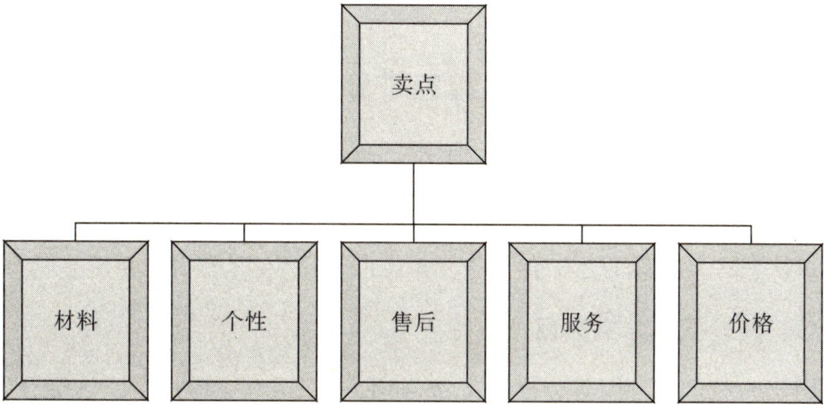

图 7.4　产品卖点

（1）材料

如果我们的产品在用料方面别具一格，或者胜过市面上其他产品都一筹，那么突出强调材料就是个很好的卖点。

（2）个性

如果我们产品在设计等方面不落窠臼，甚至独此一家，那么我们在介绍产品的时候，就要强调这个卖点。

（3）售后

现在很多微商奉行的都是“一锤子买卖”，不重视售后服务，所以我们如果做好售后服务，就很容易脱颖而出。

（4）服务

优良的服务也是卖点，但这种卖点不宜直截了当地说出来，而是在交谈中通过彬彬有礼的态度和周到贴心的话语体现出来。

（5）价格

到任何时候，价格都是卖点。当然，这必须建立在我们的产品足够质优价廉的前提下。

7.3.2 语言个性幽默，拒绝平庸直白

很多微商在介绍产品时，就像背书一样照本宣科，毫无生气，让客户难以生出一丝兴趣。

那该怎么办？你需要学会个性、幽默地介绍我们的产品，拒绝平庸直白。

（1）用幽默的语言介绍产品特点

同样一款产品，用不一样的方法介绍，会产生不同的效果。打个比方，同样一款减肥产品，一名微商说："安全减肥，不反弹。"另外一名微商说："这种产品唯一的副作用就是会让人太瘦。"相比较而言，是不是后者更有吸引力？

（2）用搞笑视频来介绍产品特点

微商可以拍摄一段和产品有关的搞笑视频，并把这段视频发给客户，让他们在会心一笑的同时喜欢上我们的产品。

7.3.3 数据说话，拒绝模糊

经常听见微商抱怨："本以为是板上钉钉的事情，最后客户却忽然反悔了。"

如果在介绍产品的过程中，客户表现出强烈的不愿意成交的信号，只能说明你介绍产品出了问题。

微商在介绍产品时一般会出现哪些问题呢？

有的微商对产品了解得不够透彻，问一答一，不会融会贯通；有的微商只顾自说自话，不管客户能不能理解，忽视了客户的感受；有的微商缺乏严谨性和专业性，让客户对其没有信任感……

如何让我们的产品介绍清晰透彻、简单易懂、严谨专业呢？很简单，用数据说话。

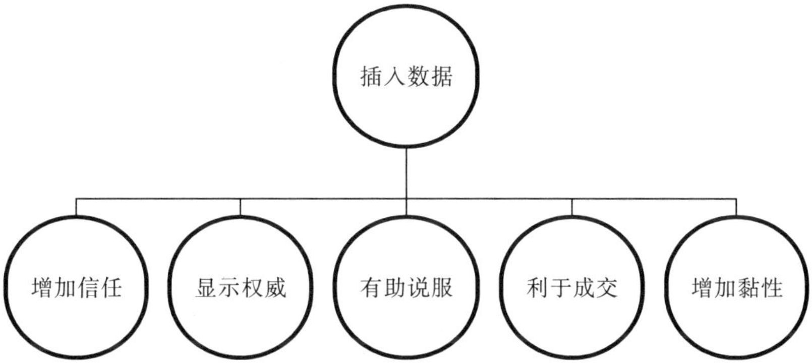

图 7.5　**数据的好处**

7.3.4　紧扣需求，说到客户心坎上

俗话说："一句话说得让人跳，一句话说得让人笑。"如果我们能这样说话，还愁不能成交吗？

如何才能"一句话说得让人笑"？最好的办法当然是说到对方心坎上去，客户想知道什么，我们就说什么。

那么哪些话是客户们想要听到的呢？

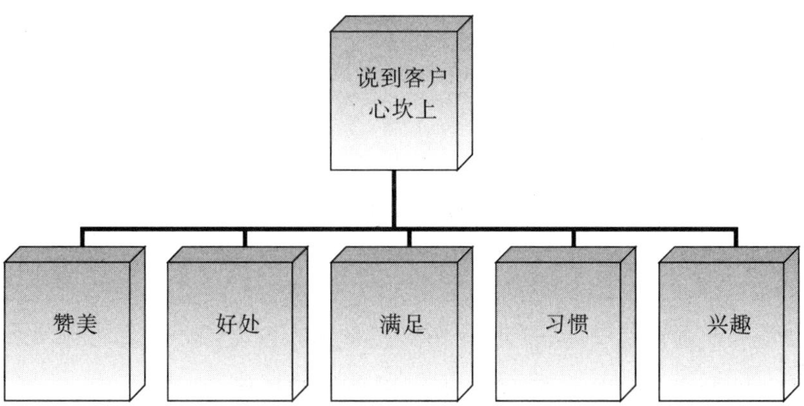

图 7.6　**客户想听的话**

（1）赞美

赞美是一种投入最少、回报最高的营销方法，但是赞美也需要技巧：首先，赞美要实事求是，要找到对方真正值得赞美的闪光点；其次，赞美要发自内心，让客户感受到我们的真诚；最后，赞美要适度，赞美过度会给人一种“拍马屁”的感觉。

（2）好处

我们必须把使用产品后的美好前景摆出来，让客户明白，使用我们的产品对他们有什么好处。

（3）满足

我们通过不断的询问或者倾听，找到客户内心的需要，然后告诉对方，我们的产品能满足他的这种需要。

（4）习惯

很多客户在购物过程中都有这样那样的习惯，我们要尊重这种习惯，并顺应之。

（5）兴趣

每位客户都有着自己独特的兴趣，如果能在交流过程中找到对方的兴趣点，并以此来展开话题，往往就能轻易留住客户。

7.4 信任是成交的基础

通常人们都喜欢和那些自己了解和信任的人做生意。微商之所以兴盛于朋友圈，就是这个道理。可以说，信任是成交的基础。

微商“平凡世界”愿意像对待朋友一样为每位客户服务。一次，一位在德国的客户购买产品之后无意中提及想念家乡的小吃，她干脆在打包的产品里塞了几包小吃。要知道从中国到德国的邮费可不便宜！但是“平凡世界”一点也没吃亏，因为她虽然多付了一点邮费，但是收获了一份友谊，还有一位铁杆客户。

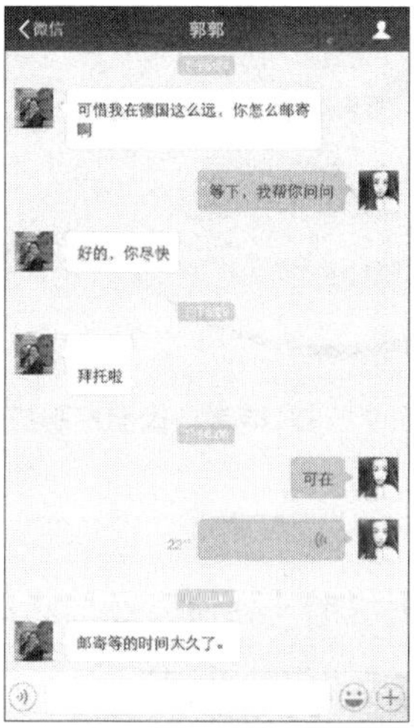

图 7.7　微商和客户对话

7.4.1　对朋友怎么说，就对客户怎么说

虽然我们口口声声地叫客户“亲”，关系却没“亲”到哪里去。我们可以对朋友口无遮拦，对客户却永远客客气气。

对此，我们心知肚明，客户同样一清二楚。要想让客户感觉到我们是朋友，就要先学会“对朋友怎么说，就对客户怎么说”。

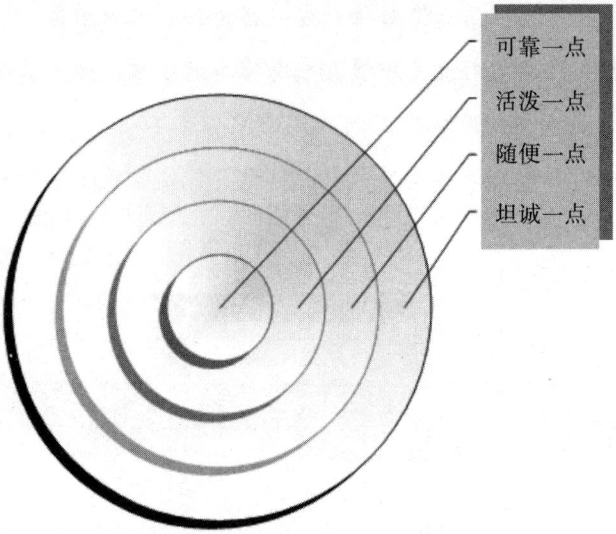

图 7.8　对待客户像朋友那样

（1）随便一点

千万别理解错了，我们所说的“随便一点”，指的是言谈内容尽可能地“家常”一点。而不是说我们可以“信口开河”。

（2）活泼一点

我们和客户进行交流的时候，也可以适当地“活泼”一点，告别刻板的言谈内容，比如加一点时事点评、幽默段子分享之类的话题，让客户觉得你们之间不仅仅是买卖关系。

（3）可靠一点

一提到朋友，我们往往想到的是推心置腹、义薄云天之类的褒义词。想让客户把你当成朋友，我们就要表现得可靠一点。最简单的一点，就是履行承诺：答应客户什么时候发货就什么时候发货，答应客户可以返现就要返现，答应客户几天内维修就几天内维修。这样，我们就可以慢慢地在客户内心树立“非常可靠”的形象。

(4) 坦诚一点

作为朋友，我们需要的是开诚布公;作为微商，我们同样需要对客户坦诚。如果产品有哪些瑕疵，或者是不能及时发货等，我们需要开诚布公地告诉客户。

7.4.2 赢得客户认同的几种方法

营销的核心是认同，这种认同不仅包括对产品的认同，还包括对微商本人的认同。如果我们无法让客户认同，那么顶多就是“一锤子买卖”。

我们熟知的罗永浩这两年开始变身为“手艺人”——打造锤子手机。老罗不走寻常路，别人介绍手机，无非是介绍四核、八核、像素、操作系统等，他却和粉丝们说“大白话”，自嘲这些术语他自己也搞不懂。最后，老罗还把锤子手机公开透明化，如何搞定 JDI 显示屏、如何搞定富士通的拍摄解决方案等，都详细地讲解一番。

图 7.9　罗永浩微信内容

罗永浩用自己的直白赢得了客户的认同。很多微商看到这里会忍不住地说:“我没有罗永浩那样的知名度，怎么可能那么简单地赢得客户的认同？”

尽管我们不是名人，但是用对了方法，我们也能轻易赢得客户的认同。

（1）说客户喜欢听的话

最简单的一个方法，做客户喜欢的事情、说客户喜欢听的话就能赢得客户的认同。什么是客户喜欢的事情呢？不厌其烦地帮助客户解决问题，主动帮助客户争取利益，根据客户情况提供一些行之有效的方法和建议……这些都是能让客户对我们产生认同感的事。

（2）让客户感觉到不好意思

打个比方来，客户在和我们交流过程中提出了各种琐碎的要求，而我们用良好的态度一一解决，这时有些客户就会感到有点不好意思，就会对微商的服务产生认同感。

7.4.3 互动起来，让客户积极参与

我们必须给我们的客户一定的激励，提高客户参与互动的热情，从而让客户逐渐成为我们品牌的坚实拥趸。

2015 年儿童节到来之前，金宝贝早早地为妈妈和准妈妈们准备了一波大礼——“砸金蛋领礼包”。只要扫一下金宝贝的二维码，就能报名参加。金宝贝确认了新妈妈参加活动的资格后，会告诉她们线上砸金蛋的活动细节，并送给她们参加活动的密码。

图 7.10 客户互动

那么微商该怎样跟客户互动起来呢？

（1）让客户参与产品的创意、设计以及革新

众人拾柴火焰高，这句话可不是随便说说的。让客户参与产品的创意、设计以及革新，不仅能让客户产生荣誉感和自豪感，增加对品牌的忠诚度，

同时他们确实能贡献出很多闪亮的“金点子”。

（2）让客户参与产品的制造过程

别把制作过程藏着掖着，尽可能地让客户参与进来。让我们的制作流程透明化，不仅能增加客户对产品的了解和信任，同时还能提升客户的参与感。

（3）让客户参与价格制定

让客户参与价格制定，也是目前很多微商选择的营销手段，能让客户的忠诚度大大增加。

7.5 踢好临门一脚，别让机会白白溜走

“我改天再买。”

“我让老婆看看再买。”

“等我发了工资再买。”

“我一会就打款。”

……

微商看见这些话，往往满怀希望地等着成交，但结果呢？很多信誓旦旦的客户就一去不复返了。

微商“织梦”非常郁闷，因为她聊了一下午的客户最后竟然没有成交。尽管她一遍又一遍地介绍产品的各项优点，客户最后也答应考虑一下就下单，可后来就再也没有下文了。问题到底出在哪里？

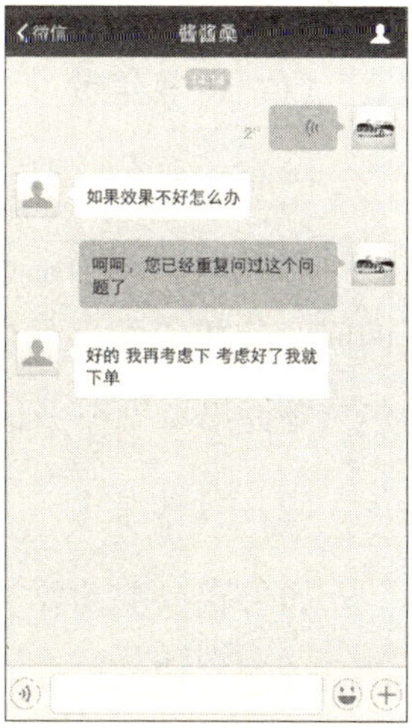

图 7.11　微商和客户对话

从对话中看，客户重复问了有关效果的问题，明显有很强的成交意愿，但是微商并没有抓住机会。不仅如此，还表现出了一丝厌烦的情绪，最后导致客户流失。所以，这位微商欠缺的，就是成交前的临门一脚。

7.5.1 抓住稍纵即逝的成交信号

成交的信号稍纵即逝，微商们必须练就“火眼金睛”，从客户的语言、行为中找出这种信号。

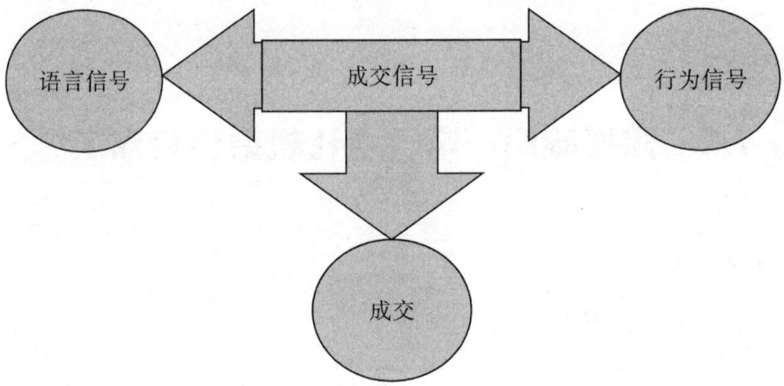

图 7.12 成交信号

（1）语言信号

微商在和客户们交谈时要注意，如果客户详细询问产品的使用方法，重复已经问过的问题，询问发货时间和售后服务，反复询问产品的具体参数，询问产品相关配件的供应，开始讨价还价，对产品的一些微小问题如颜色、包装等提出意见……这些细节就说明，客户有了明显的成交意愿。

（2）行为信号

如果客户主动要求看产品的说明书，开始就怎么使用产品或者订购多少产品询问你的意见，或者态度越来越好，甚至和开始大相径庭……这些行为就表明，我们该重拳出击了。

7.5.2 假设成交，促使客户下决心

当我们捕捉到客户释放的成交信号之后，就可以利用假设成交法促进成交。

假设成交法到底是怎么一回事？就是假设客户已经决定购买产品，从而展开营销。这种方法的好处在于，能直接将双方带入实质性的洽谈阶段。

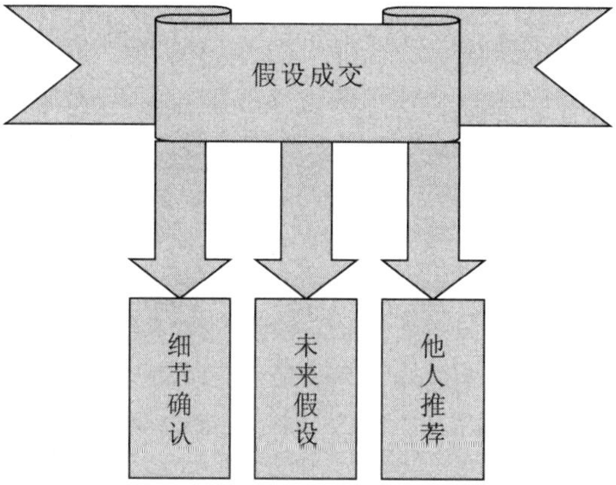

图 7.13 假设成交的具体方法

（1）细节确认

我们假设对方马上要和我们成交，那么我们现在只需敲定细节就好。这个时候我们可以直截了当地问对方有关发货时间、邮寄地址、付款方式、产品的具体颜色等问题。利用这些细节性的问题，让客户进入成交情境，激发客户的购买欲望。

（2）未来假设

每个人都害怕失去机会，客户也不例外。如果我们发现客户有些摇摆不定，就立刻做出未来假设——优惠时间马上就截止了、商品只剩最后一件了、只有这个阶段可以包邮等。利用未来假设，可以给客户造成一种紧张感，促使他们尽快成交。

（3）他人推荐

在客户已经有了成交意识，但还有些举棋不定的时候，我们可以利用他人推荐来刺激对方。这里所说的“他人”，可以是曾经购买过我们产品的人，或者是产品相关行业的专家权威等。

7.5.3　瞅准时机，直接请求成交

直接成交，是每个微商都梦寐以求的事情。我们在和客户进行交流的过程中，完全可以使用直接请求成交的方法。但是使用这种方法有个前提，那就是客户已经有了成交意识。否则不仅会破坏掉营销氛围，还容易引发客户的反感。

接下来，我们来说一下具体什么情况下才能直接请求成交。

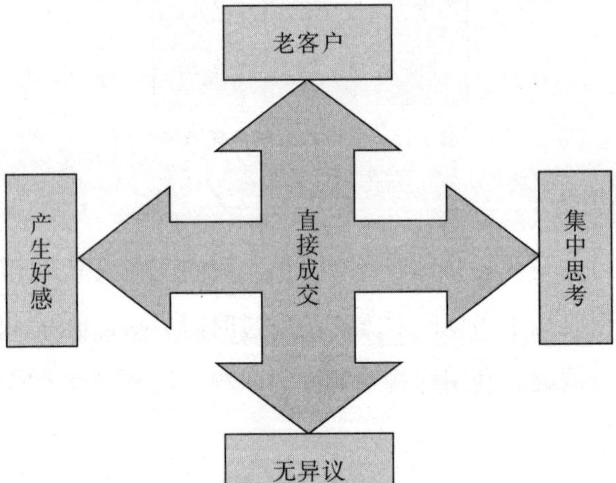

图 7.14　直接请求成交

（1）老客户

面对老客户的时候，我们就可以直接请求成交。微商的老客户往往是微商的朋友，无需在产品介绍上多费口舌，只需单刀直入地提出成交建议。

（2）产生好感

有个笑话是这么说的：“什么是浪漫？明明知道她不喜欢你，还送她 999 朵玫瑰；什么是浪费？明明知道她喜欢你，还送她 999 朵玫瑰。”当客户明确地表示出对我们产品的好感时，我们就不需要多花费口舌在产品介绍上，可以提出直接成交。

（3）无异议

即使客户再“鸡蛋里找骨头”般地挑剔我们的产品也找不出毛病的时候，我们就可以用直接请求成交了。

（4）集中思考

当客户的思路已经被我们引导到细节等方面的时候，比如“没有别的问题，我就给您下单了”或者是“你们那儿有 ×× 快递吗”之类，如果客户按照我们的思路作答，那我们就可以直接请求成交了。

chapter8

第8章

找到适合你的营销方法

一切不以成交为目的的营销都是瞎胡闹，不管我们采取哪一种营销方法，是情感营销还是体验营销，是饥饿营销还是事件营销，能让我们成交的方法就是好方法。

8.1 了解客户需求，是成交的第一步

“微”时代是快节奏的时代，谁能在最短的时间内发现客户的需求，谁就能够抓住大众的眼球。

营销大致可以分为三步：第一步，进入到客户的世界（和客户建立联系）；第二步，把客户带到对方世界的边缘（了解客户需求）；第三步，把客户带入我们的世界（实现营销）。这三步缺一不可。其中，第二步即了解客户需求尤为重要。

让我们看看新浪乐居是如何了解客户需求，把匆匆过客变成自己顾客的吧。

新浪乐居在 2013 年推出了普通优质住宅项目的评选活动——宜居中国梦，乐居金项奖。恰逢七夕情人节，乐居巧妙借势，推出了“七夕分手礼物排行榜”，并幽默地提出了补救方案——将女方的名字署在房产证上，一时间吸引无数网友关注。

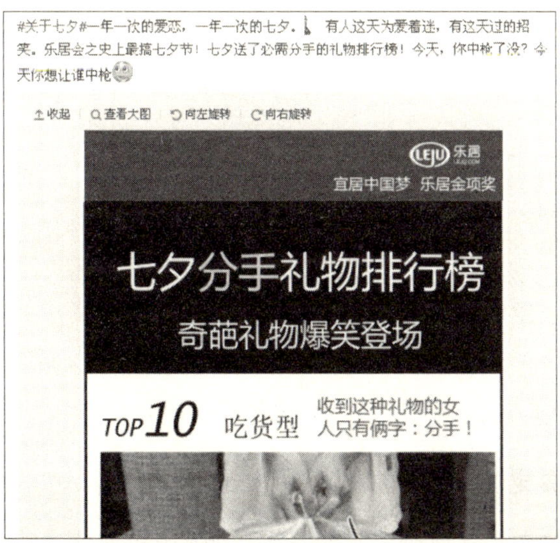

图 8.1　七夕分手礼物排行榜

为什么新浪乐居此次微营销大获成功？因为活动面向的对象大多是对房屋有刚需的年轻人，房产本上能否两个人共同署名，是目标人群内心很关注的问题。满足了营销对象的核心需求，那么营销就已经成功了一半。

接下来，我们就看一下如何了解客户需求。

8.1.1 定位，了解客户的基本需求

很多微商都会凭借自己的经验，来臆测客户的喜好，自以为这样就抓住了客户的需求。现在这个社会日新月异，客户需求也是千变万化，千万别凭空猜测，必须勤于和客户沟通，主动探索客户的需求。

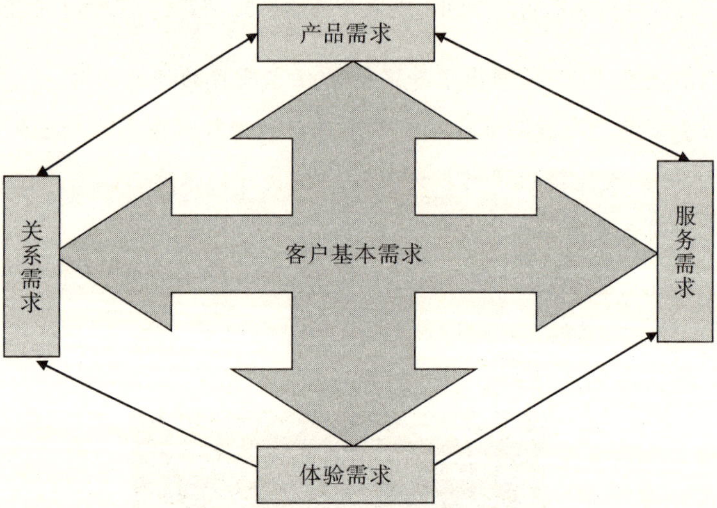

图 8.2 客户的基本需求

一般来说，客户的基本需求包括产品需求、服务需求、体验需求以及关系需求。不同的客户基本需求也大不相同，那么我们该如何给客户定位进而找到他们的基本需求呢？

（1）初步界定我们的客户

第一步做起来非常简单，我们只需要明确客户的基本信息就可以：对方

是谁、购买理由是什么、多大年纪、爱好是什么、主要在哪里活动等。这些信息一般在微信或者微博上都能查询到。掌握了这些基本资料之后，我们就能对客户有个大致的了解。

（2）观察其购买能力

现在流行“秀”，很多人不管吃什么、买什么、最近去哪里游玩等，都要分享到朋友圈或微博等，我们只要将这些蛛丝马迹整合起来，便可以大致得知客户的购买能力。

（3）注意其消费历史

想要知道人们现在的需求，就看他以前的需求是什么。就像是营销大师菲利普科特勒说过的那样：“推断人们将要购买什么的方法，就是观察他们过去购买了什么以及正在购买什么。”

我们可以在客户的朋友圈、微博以及 QQ 空间等地方观察对方的消费历史，注重三个方面：第一，对方是否买过同类产品；第二，对方是否买过相关联的产品；第三，对方是否买过互补的产品。对这三点进行分析，就能明确客户的基本需求了。

8.1.2 挖掘，掌握客户的深度需求

晋商是中国商业史和金融史上的奇迹，《乔家大院》这部书描述了主人公乔致庸艰苦创业，最终实现“货通天下、汇通天下”之宏伟抱负的故事。该书出版以来，受到广大读者热烈追捧，同名电视剧也曾于各电视台热播，引起不小的轰动。很多政界人士、商界精英购买此书后，连同电视剧光盘馈赠朋友和同事，以为“商战之蓝本，谋利之渊薮”。

乔致庸的成功有很多原因，其中重要一条在于乔致庸能够不断挖掘客户需求，根据客户需求开拓自己的生意版图，这一点在《乔家大院》中随处可见。

现在社会这样的案例也比比皆是。

花店不知凡几，Roseonly 却是个中翘楚。因为我们来到 Roseonly 买花，那么我们要送花的对象名字将烙在 Roseonly，见证对方是彼此的唯一。如果我们之间的感情出现问题，那么我们将无法再在 Roseonly 为对方订制鲜花。

图 8.3　明星为 Roseonly 造势

Roseonly 大获成功，和其能掌握客户的深度要求是密不可分的。每个人都希望得到唯一的爱，Roseonly 满足了人们内心对于爱情的向往。

（1）“硬服务”带动“软服务”

什么是“硬”服务？有具体标准的服务就是硬服务，这是微商必须要做到的事，必须兑现的承诺；什么是“软”服务？是附加的服务，这些服务能体现微商要传递的文化和精神。

做好“硬”服务，客户得到的只是满足。如果我们做好“硬”服务之余，还提供了“软”服务，那么客户得到的则是惊喜。通过“硬”服务带动“软”服务，客户的深度需求就有可能被满足。

（2）“露出”带动“隐藏”

“冰山之雄伟壮观，是因为它只有八分之一在水面上。”客户也是这样，我们直观看到的需求只是客户需求的 10%，想探索客户的真实需求，可以用“露出”带动“隐藏”。微商必须从客户的外在表现来分析客户的真实需求，并满足对方的这种需求。

8.1.3 思考，预测客户的未来需求

客户的需求并不是始终如一、长期不变的，随着环境的改换、情绪的变化，客户的需求也会发生变化。

微商在分析客户的时候必须把这些变数考虑进去，以更加准确地预测客户的未来需求。

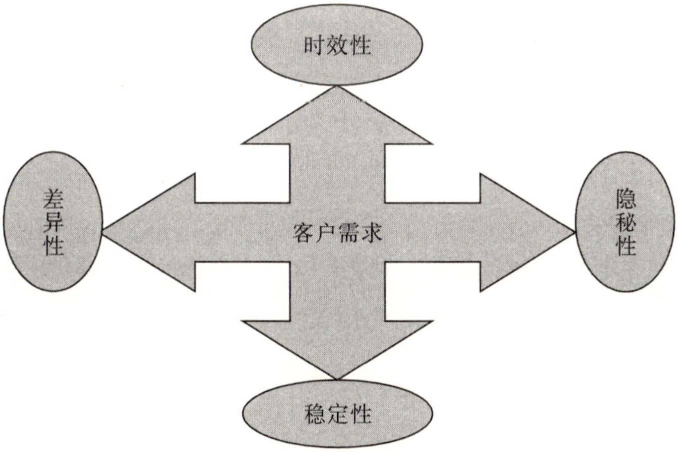

图 8.4 客户需求的四大特性

那么微商如何预测客户的未来需求呢？

（1）强烈欲望

微商必须有敏锐的观察力，能从言谈中迅捷而准确地抓住客户最强烈的诉求。打个比方，当客户反复就一个点提出问题的时候，就表示客户对这个点所代表的事物有强烈的欲望。我们抓住这一点“穷追猛打”，就有可能预测到客户的未来需求。

（2）换位思考

作为微商，必须时刻问自己一个问题：“如果我是客户的话，我还需要什么？”只有经常换位思考，才能了解客户需要我们提供什么样的服务。

8.2　永不过时的促销式营销

我们经常看到有人“摇一摇”抢红包，胳膊都摇酸了也不过抢个块儿八毛的，但他们却乐此不疲。“摇一摇”抢红包也是促销方式的一种，由此可见促销的魅力。

图 8.5　广本的新年促销活动

2015 年 2 月 12 日，广本开展“拆礼盒，享好礼”活动。只要用户能集齐 5 人来帮助拆礼盒，就能获取一份新年大礼盒。此次活动吸引了很多人参加，大家纷纷在朋友圈里呼朋唤友好不热闹。

但是，也有很多微商的促销总是以热闹开头，以冷清结尾，最终只是赔本赚吆喝。

到底怎么样才能让促销发挥其最大的效用呢？

（1）有“礼”走遍天下

赠送礼品是比较常见的促销手段，但是送什么、怎么送，却是有讲究的。

第一，不送礼，送惊喜。人们一听到赠品就不屑一顾，这也难怪，很多商家给的赠品确实太“寒酸”，比如钥匙扣、开瓶器等，要了没用，扔了可惜，如同鸡肋。所以，微商就不能送礼了，要送惊喜。所谓“惊喜”，可以是超出客户预期的奖品，也可以是让客户意想不到的东西，或者是在客户不知道有礼品的情况下送出。哪怕是同样的礼物，用这种方式送出，也会让客户感觉到耳目一新。

第二，要送礼，明主题。有的微商财大气粗，有的微商小本经营，所以我们一定得考虑成本，用最小的付出获得最大的收益。所以，微商送礼的时候一定要“好钢用在刀刃上”：送给谁——准客户；送什么——能打动他们的大礼。

（2）爱上“微积分”

除了送礼之外，我们还可以推行“微积分”，这也是比较常见的促销手段。

怎么让客户爱上“微积分”呢？我们可以通过“限定”的方法。

开始的时候，客户取得积分很容易，但是兑换的奖品价值却很低。随着积分越积越多，难度也越来越大，但是能兑换的奖品价值却很高。通过限定获取积分的难易程度，让客户爱上积分。

（3）限时抢购，抢出来的成交量

限时抢购，能在短时间内将促销的气氛炒至高潮。但限时抢购也有一定的秘诀。

第一，选择抢购的产品。并不是所有产品都适合抢购，一般来说，应季商品、流行商品、大众化商品、价格不高的商品最适合抢购。

第二，选择抢购的时间。抢购的时间要设置好，最好选择节假日。另外，我们无法无缘无故地发起一次抢购，最好“师出有名”，为我们的抢购活动找一个由头，比如“黄金消费周”“周年庆”“三年感恩回馈”等。

8.3 “先尝后买”的体验类营销

体验类营销是以服务为重心，以产品为素材，以创造出值得客户回忆的感受为服务宗旨，从生活和情境出发，引发客户的感官体验，使客户认同我们的产品和服务，以抓住客户注意力，并促使成交的一种营销方式。

体验营销可以缩短客户接受商品的时间，加强了服务和体验的互动，让无形的服务变成有形化的展示，从而提升我们的营销业绩。

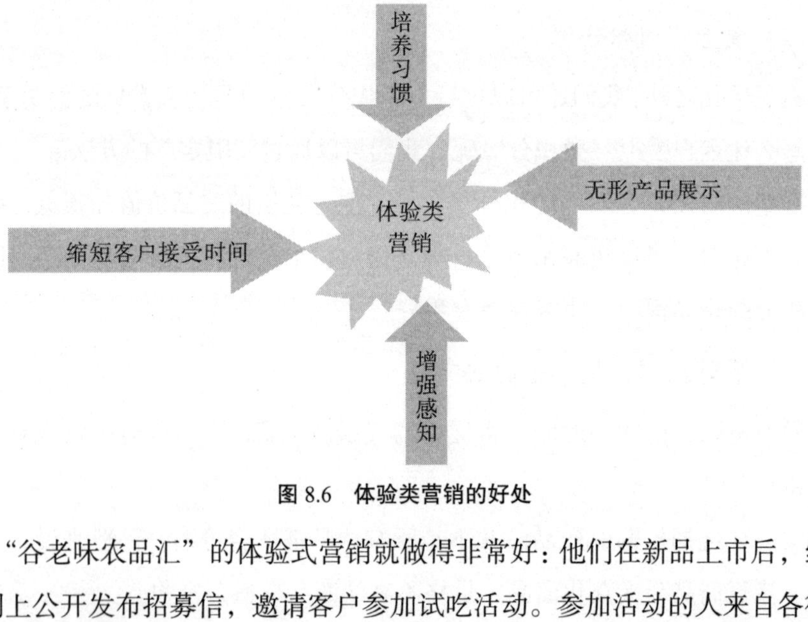

图 8.6　体验类营销的好处

“谷老味农品汇”的体验式营销就做得非常好：他们在新品上市后，经常在网上公开发布招募信，邀请客户参加试吃活动。参加活动的人来自各行各业，有不同的生活背景，他们可以全方位、多角度地对产品进行点评，并认真发布试吃报告。

如果我们也想走“先尝后买”的体验营销路线，又该怎么做呢？

8.3.1 建立自己的客户“鱼塘”

很多微商拼命做推广，努力搞宣传，煞费苦心引流，绞尽脑汁写文案……等到客户上门，他们就觉得马上可以成交了。

这种想法太过急功近利。客户第一次登门时，并没有做好购买准备，对微商的产品和服务持怀疑态度。如果微商非要在最短时间内促使客户成交，往往会把对方吓跑。

这个时候，我们不如放慢脚步，把他们的姓名、电话号码、邮件、微信、QQ、微博等统统“记录在案”，不断地为他们提供服务、影响他们，成交就变成水到渠成的一件事了，并且这样得到的客户都是长期客户和忠实客户。

说白了，我们需要建设一座独属于自己的“鱼塘”，让客户变成我们“取之不尽，用之不竭”的可再生资源。

我们该如何把“鱼塘”建起来呢？分析客户、组建社区等方式前文都有提及，在此不一一赘述，我们来想一些“非常规”的做法。

（1）从别的“鱼塘”抓鱼

我们的客户很有可能聚集在另外的鱼塘里，比如微信群、QQ 群、微社区、贴吧等地方。我们可以找准契机，带动别的“鱼”来到我们的鱼塘。

（2）和其他“鱼塘主”合作

有位年轻人录制了很多粉刷房屋的视频，但一直乏人问津。年轻人便找到油漆店的老板，和他一起合作：凡是在油漆店买油漆达到一定数量者，免费赠送视频。效果自然是双赢，油漆店免费做了促销，年轻人也获得了很多客户。这就是合作的力量，这样就不用发愁我们的“鱼塘”里没有鱼了。

（3）用鱼来找鱼

客户的朋友、同事、同学等，都有可能成为我们的客户。我们就可以用“鱼”来找“鱼”，采用人际关系嵌入法来发展“鱼塘”规模。打个比方，我们可以向客户表示：如果你能将我们的试用装派发给十名好友并收集反馈意见的话，我们将免费赠送你某样产品。这种行为就是“用鱼来找鱼”。

8.3.2 一家货百家爱，强调市场需求

我们每天都把成交挂在嘴边，但很多人却不知道客户成交决策过程是怎样的。

客户购买决策的最终形成要经历三个阶段：内外因素刺激、心理活动过程以及购买行为的最终形成，这三个过程缺一不可。

一般来说，我们可以通过营造一种“紧张”的购物氛围来减少客户的犹豫时间，促使客户快速决策，甚至是冲动消费。

具体该如何操作？

（1）营造“抢购”氛围

让客户产生紧迫心理的最常见办法，就是“限时”促销和“限量”促销。另外还有“阶梯促销”的方法，让客户觉得越早买越便宜；或者是团购的方法，让客户觉得“买得人越多越便宜”，激励客户招徕其他客户。

（2）巧用“捆绑”技巧

很多人都有“便宜不占白不占”的心理，当马上成交就能获得额外优惠的时候，大多数的客户会毫不犹豫地选择购买，即便这件产品他并不是很需要。一般“买××元，送××元”“满××元，赠××元”“一件××折，两件折上折”“搭配××产品，优惠××”以及“两个或两个以上产品包邮”等做法，都属于有助于成交的“捆绑”技巧。

8.3.3 打造体验平台，让客户为产品“发声”

“可可丽人”作为新崛起的美容品牌，是如何在竞争激烈的市场中站稳脚跟的？答案就是打造体验平台，让客户为产品“发声”。通过产品体验，“可可丽人”仅用了不到两个月的时间，就聚集了上万名忠实客户。

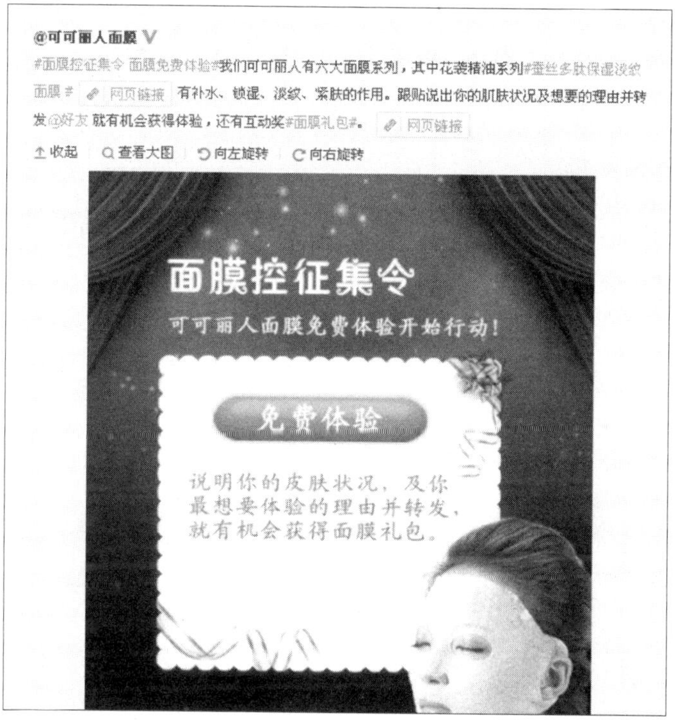

图 8.7 “可可丽人”做活动

微商在开展体验式营销时，应该注意哪些问题？

(1) 找准目标

开展体验营销，首先要找到体验者。我们必须明确，谁才有可能成为我们的拥趸，谁才有可能来体验我们的产品，并为我们“发声”。有了清晰的目标群体，我们才能顺利开展体验营销。

（2）主导局面

众口难调，不是所有的体验者都会对我们的产品满意。这个时候，我们要主导好局面，确保有利于我们的声音越来越高。

（3）不断体验

体验营销不是一锤子买卖，而是要连续不断。每次体验都要给客户不一样的感受，让他们在体验中不断收获惊喜和新鲜，不断地增进与我们之间的关系。

（4）鼓励反馈

我们必须鼓励客户反馈和分享，只有这样，才能让产品信息进入客户的交际圈，打造病毒传播的效果。我们应该从物质和精神两方面对客户进行激励：物质方面，我们可以采用产品奖励、赠品奖励等方式；精神方面，我们可以通过微博、微信等平台对积极反馈和分享的客户进行褒扬，让粉丝们感受到被重视。

8.4 主打感情牌的情感类营销

泰国有一款公益广告做得很好：一个人在专心地玩手机，旁边有人的活动痕迹，却看不见人。当他放下手机，才发现那是他忽视已久的亲人、爱人、朋友。

这个广告之所以大受欢迎，就是因为它植入了情感，触动了人们的心弦。如果微商能将情感注入到产品和品牌之中，就能立于不败之地。

母亲节在即，招商银行在推广活动中大打情感牌：先制定别具匠心的金融礼物，又推出可以在手机上制作的“最佳妈妈证”，还有刷卡专享电商平台优惠活动，让人们在感念母亲的同时，也记住了招商银行。

图 8.8 招商银行情感营销

8.4.1 包装满满，都是感情

“少加班，少应酬，回家吃饭”“今天的中国人，唯一不认可的成就是家庭和睦”“回家吃饭，是检验幸福的唯一标准”…… 本来生活网的这些包装非常有人情味，客户很容易被上面的内容所打动，他们愿意和朋友们分享这些话，也愿意晒单，这无疑都是免费的广告。

好的包装是情感营销的第一承载体。我们要从形态、色彩、材质几个方面着手，让包装体现出情感。

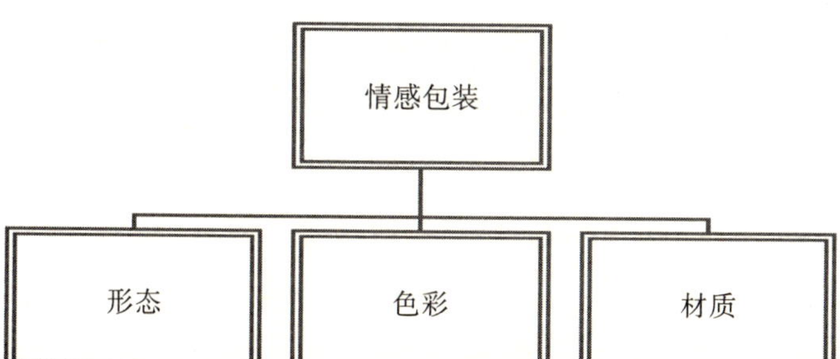

图 8.9 情感包装三要素

（1）形态

产品包装形态无非立体和平面两种。立体就是三维形态，包括包装的造型和结构；平面就是二维形态，包括包装的图形、文字和版面。我们想要体现出情感，就要在这两方面下功夫。举个例子，台湾的张君雅小妹妹捏碎面，在外包装上就非常讲究。它的外包装是张君雅委屈的表情，贴着创可贴的小脸，以及即将要滴落的泪水，配上“手下留情、捏小力点”“你再打我，我就跟你妈妈讲”之类的童言童语，让人捧腹之余又心生怜意。

（2）材质

用不同的材料做包装，给人带来的视觉冲击也不尽相同。比如同样是新农业产品，用荆条筐作包装和用普通塑料做包装，给人完全两种感觉。微商要结合自己的产品，打造最合适的包装。

（3）色彩

产品包装的色彩也非常重要，色彩运用得当，不仅能传递情感，也能让消费者慷慨解囊。比如我们的产品是西红柿，就可以选择热烈的大红色，让颜色带动味觉方面的联想。

8.4.2　设计温馨，让人暖心

产品的设计不应该是冷冰冰的，而是要能打动人的。它是传递感情的载体，勾起回忆的媒介，给人惊喜的礼物。我们在产品中融入感情，会提升我们的形象，增加客户的满意度，加深客户对我们产品的印象……久而久之，我们就会收获铁杆粉丝，更会形成自己的品牌。

那么怎样才能让我们的设计映射出情感呢？

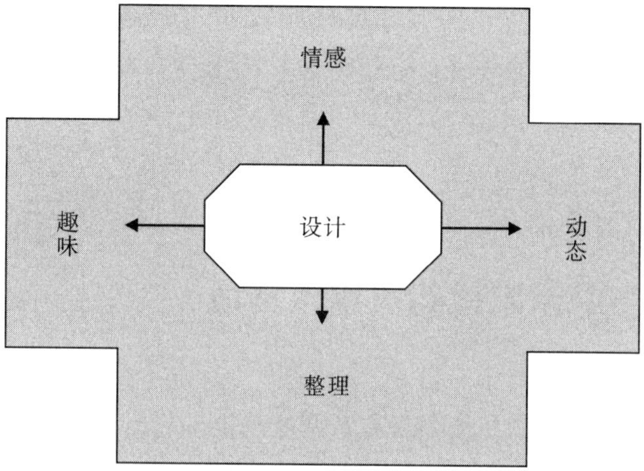

图 8.10　产品设计“四要素”

（1）情感

设计中揉入的情感，最好紧扣我们的产品。打个比方，产品的目标客户是七零后和八零后，我们就可以用怀旧情感作为主题。

（2）动态

很多微商都在犯一个错误，拿固态的思维去理解客户。那肯定不行，在“微”时代，人们的想法、思维每天都在变化，动态是我们在设计中始终要贯彻的原则。人们都是喜新厌旧的，再好的产品如果一成不变的话，客户也会很快厌倦。所以，在设计中，应该夹杂一些随机的、容易被客户发现的变化，通过这种变化，让用户获得愉悦感。

（3）整理

有的时候，我们不必辛辛苦苦地设计，我们只需要发起活动，让目标客户提出想法，从这些想法中整理出最能打动客户的设计。

（4）趣味

所谓趣味，是指能够使人感到愉快、引起人兴趣的一种特性，每个人都无法抵挡趣味的诱惑。一些产品通过设计传达出风趣幽默、诙谐调侃的情感信息，这些信息带给使用者身心愉悦与放松。在生活节奏快、压力大的环境下，人们更需要这样的东西。

8.5 引发哄抢的饥饿式营销

饥饿营销，是指商品提供者有意调低产量，达到调控供求关系、制造供不应求状况的目的，以维护产品形象并维持商品较高售价和利润率的营销策略。

饥饿营销成功与否，与市场竞争度、消费者成熟度和产品的替代性三大因素有关。在市场竞争不充分、消费者心态不够成熟、产品综合竞争力和不可替代性较强的情况下，饥饿营销才能较好地发挥作用，否则，商家就只能是一厢情愿。

从美国到中国，只要苹果新品发布，便会上演彻夜排队的戏码，人人以第一时间抢到一部最新款苹果产品为荣；几十万元人民一个的爱马仕 Birkin 包，还不是有钱都买得到，Waiting List（等候名单）都排到了几年后；从小米 1、小米 2 到红米，小米新款手机一发布，几分钟内就会被抢购一空……

从这些企业的做法中，微商能学到什么呢？

（1）共鸣

饥饿营销的本质是不断探究客户最根本的需求，而后围绕该需求来塑造产品的功能性利益。说得再直白点，就需要我们的产品要和客户有某种程度的共鸣。

（2）衡量

并不是所有的微商都适合走饥饿营销的路线，我们必须衡量自身的产品特性、资源、促销能力等，如果盲目地采取饥饿营销而后继无力的话，很容易让客户丧失耐性。

（3）造势

有这么一个故事：唐代诗人陈子昂在籍籍无名时曾用千金买一古琴，并广邀众人来听演奏。冲着“千金之琴”的名头，很多人都来听琴。这时陈子昂捧琴感叹：“蜀人陈子昂，有文百轴，不为人知，此乐贱工之乐，岂宜留心。”话完即摔碎琴并遍发诗文给与会者。京兆司功王适读后，叹曰：“此人必为海内文宗矣！”经此一事，陈子昂声名大噪。微商可以学习这种造势的做法，前期就某件事大肆渲染，最大程度地引起客户的好奇，然后适时推出自己的产品。

第9章

用好公众号是成功微商的必修课

chapter9

产品卖不出去？每天跟机器人一样在朋友圈狂发广告？如果你真的这么做，那么后果很可能就是：被拉黑，被屏蔽，被移出朋友圈……那么如何做好微商呢？你需要一个展示自己的良好平台，微信公众号就是你当前最好的选择之一。

9.1 为什么要创建公众号

微信公众号就是在微信公众平台上申请的应用账号。这个账号和 QQ 账号同根同源，能互通有无。在公众号这个舞台上，微商可以实现一对多地发文字、图片以及语音和视频。更妙的是，微商利用公众号可以随时随地和客户进行互动。

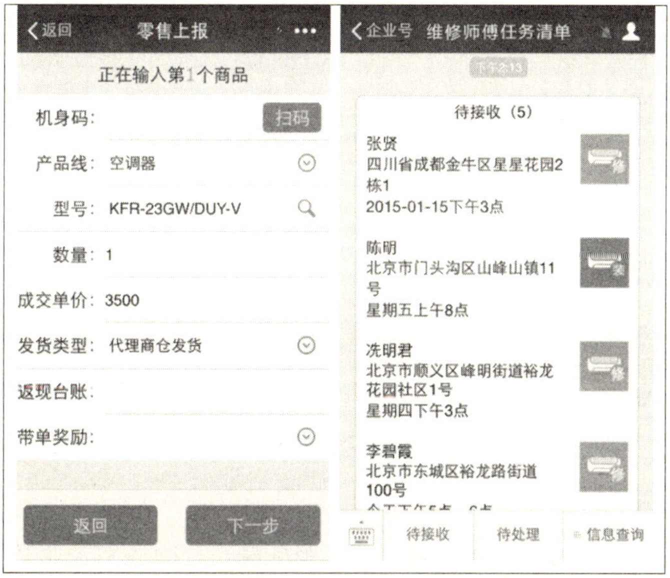

图 9.1　微信公众号

那么微信公众号都有哪些优势呢？

（1）资源众多

截至 2015 年 4 月份，微信月活跃用户数量高达 1.9 亿。如此庞大的数字，代表了庞大的潜在客户群体。哪个微商对此不动心？

（2）定位精准

我们可以通过微信公众号后台的用户分组、地域控制，轻而易举地找到我们的精准客户，针对这些客户进行精准推送，我们的营销就会事半功倍。

（3）多元营销

如果我们想介绍一款产品，可以用文字说明，可以用语音说明，可以配上漂亮的图片。如果我们拥有更高的权限，还可以用视频说明，更形象、更立体地介绍我们的产品。微信公众号的这些功能，让营销更有趣、更生动、更容易打动客户。

（4）人性化营销

在过去，营销都是卖方作为主动方。而利用公众号进行营销，就把选择的权利交给了客户。只要客户对某种产品感兴趣，就可以搜索相关内容，这使得营销过程变得更加人性化。

（5）信息直达

关于信息直达，我们可以同微博做个简单的对比：我们在微博上发送一条信息，无法保证客户阅读它；但是微信公众号就不一样了，每一条信息都是以推送的方式送达客户处。

微信公众号分为三种不同的类型：服务号、订阅号和企业号。服务号，顾名思义，以服务为主，为企业和组织提供更强大的业务服务和用户管理能力；订阅号，则是为媒体和个人提供一种全新的信息传播方式，是微商和客户之间必不可少的沟通桥梁；企业号，则是企业同员工之间、上下游企业之间的有效链接。

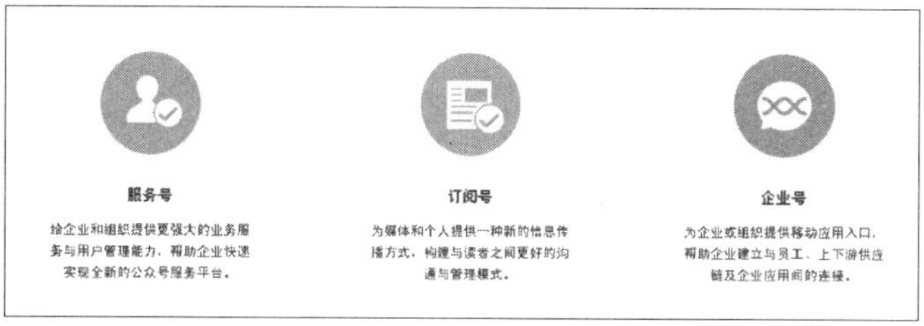

图 9.2　公众号的类型

那么服务号和订阅号有哪些区别呢？

（1）认证

服务号是不需要认证的，但是订阅号需要。另外，服务号是免费的，订阅号是要交费的。

（2）提醒

群发信息的时候，服务号会有消息提醒，订阅号则没有。

（3）支付

服务号是可以申请微信支付的，但是订阅号不能。

（4）推送

服务号一个月能推送 4 次，但是订阅号每天都能推送。

微商可以结合自身的条件以及产品特性，选择适合自己的公众号。

9.2　如何创建自己的公众号

通过上面的介绍，我们已经对微信公众号有了初步的认识，那么该如何拥有自己的微信公众账号呢？

第一，搜索“微信公众平台”，出现下面的页面。

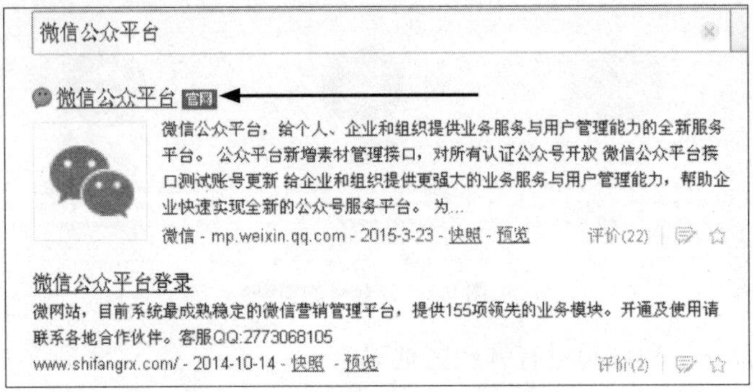

图 9.3　搜索微信公众平台

第二，点进去，进入申请页面。

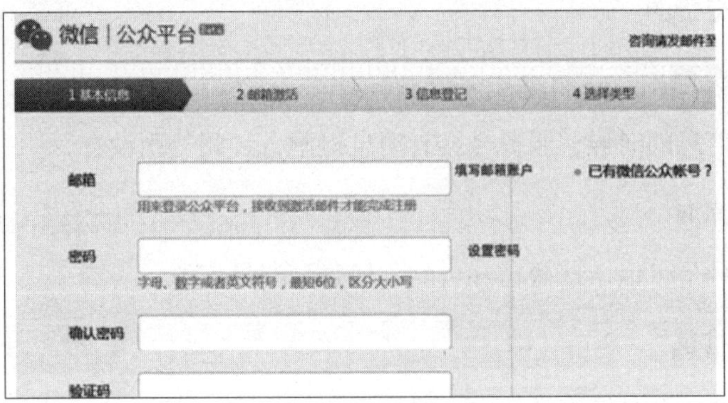

图 9.4　注册网页

第三，按提示填写相关信息，提交注册，接下来需要激活邮件。

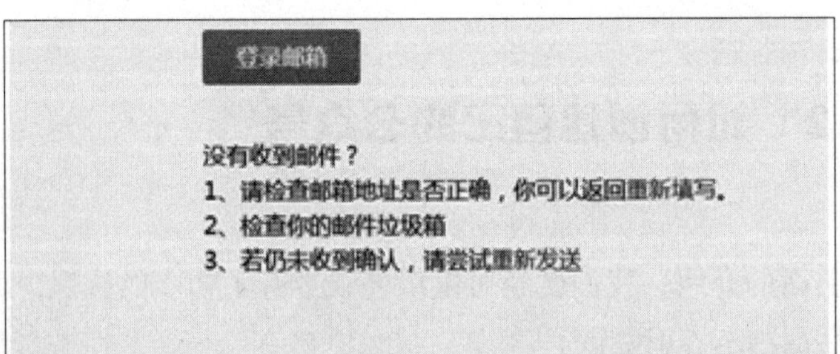

图 9.5　邮件激活

第四，录入个人信息。

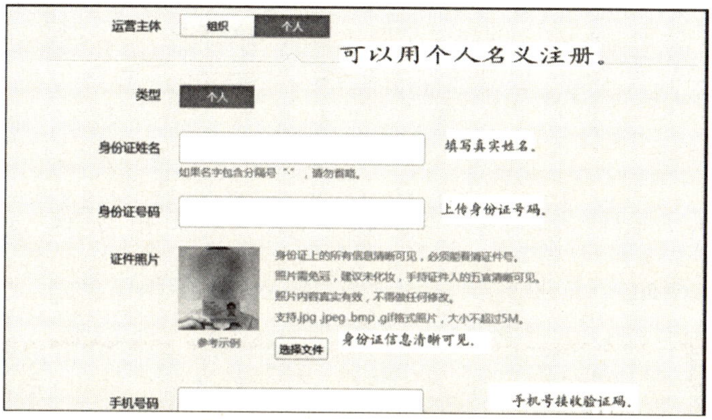

图 9.6　个人信息录入

第五，选择公众号的类型。

第六，选好公众号类型，填写好公众号名称、功能等信息，提交等待审核即可。

9.3　把微店搬到公众号上

有了公众号，我们就可以把微店搬到公众号上来。

（1）绑定

登录我们的微店，进入后台管理，选择绑定微信公众账号。

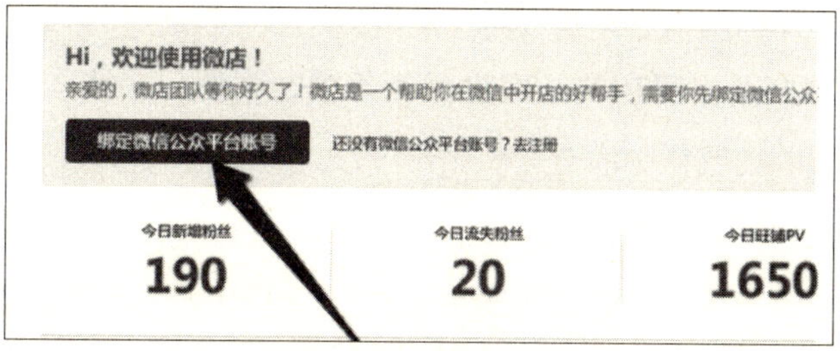

图 9.7　微店绑定公众号

（2）复制

打开微信公众平台下的高级功能，编辑功能关闭，开发模式开始，并把复制的 URL 和 TOKEN 粘贴到微信公众平台。

（3）测试

完成第二步后，回到我们的微店，在显示 URL 和 TOKEN 的对话框内测试绑定状态。

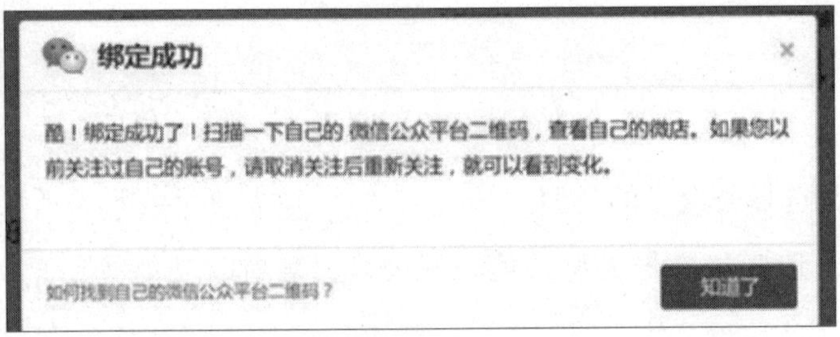

图 9.8　测试绑定是否成功

需要注意一点的是，我们的 URL 和 TOKEN 信息非常重要，如果需要我们截图，一定要抹掉关键信息。

9.4　公众号要运作好，精彩内容少不了

微信公众号运营的根基是什么？是内容。

一篇好的文章，能在朋友圈里反复传播，为我们带来海量粉丝；相反，如果我们发布的内容粗制滥造，想做出业绩无异于痴人说梦。

从发布内容到成交要经过以下几个步骤：第一步，利用软文来不断地加深粉丝印象；第二步，通过不断加深印象，让粉丝对品牌有初步的认识；第三步，双方在不断的互动中增进了解；第四步，粉丝初步购买我们的产品；

第五步，粉丝反复购买我们的产品，从普通粉丝变成铁杆粉丝。

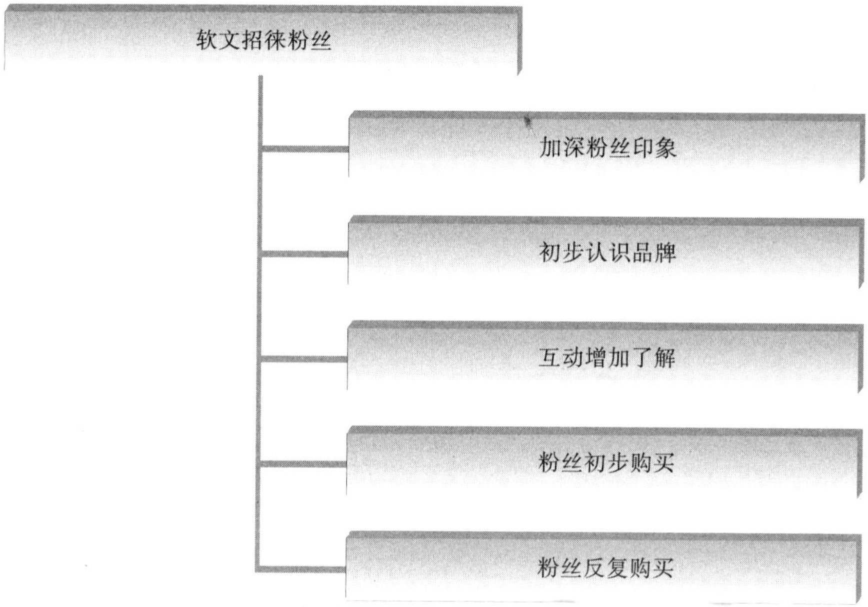

图 9.9　从发布内容到成交的步骤

由此可见，我们主张“内容为王”绝非无的放矢。那什么样的内容才算好内容？

9.4.1　短小精悍

精彩的内容数不胜数，但对于推送数量有限的微信公众号而言，我们无法穷尽所有的内容。更何况微信阅读利用的是客户的碎片化时间，假如内容长篇累牍，谁乐意去看？

因此，内容务必要短小精悍。

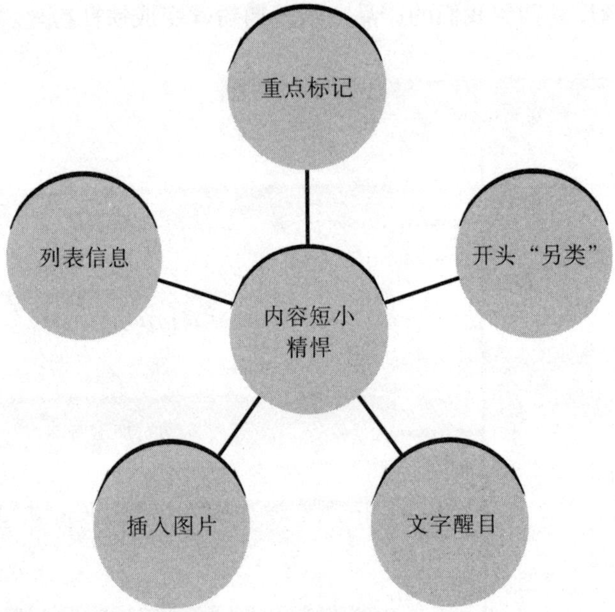

图 9.10　内容短小精悍的方法

（1）文字醒目

手机用户大都不耐烦字斟句酌地看文字，针对这种现象，我们可以将最关键的信息设置在最醒目的位置，让对方一目了然。

（2）开头“另类”

如果客户被你的开头所吸引，那么你的推广便成功了一半。我们的开头要么幽默要么悲情，要么震撼要么悬疑，总而言之要“不走寻常路”，这样才能吸引眼球。

（3）重点标记

将我们想要传递给客户的重点内容用特殊字体或者颜色标志出来，可以让客户第一眼就关注这些重点。

（4）列表信息

每个人的阅读习惯和接受能力都不相同，但简洁明了、一目了然的表格绝对是人人都爱的信息载体。

（5）插入图片

图片不仅能改善纯文字的单调，还能更吸引客户的眼球。需要注意的是，除非有特殊需要，一篇文章内加入的图片最好不要超过 5 张，尺寸也不要太大，以免打开过慢影响客户的浏览体验。

9.4.2 与众不同

微商越来越多，我们凭什么让客户找到我们？凭借与众不同。

那么如何才能与众不同？

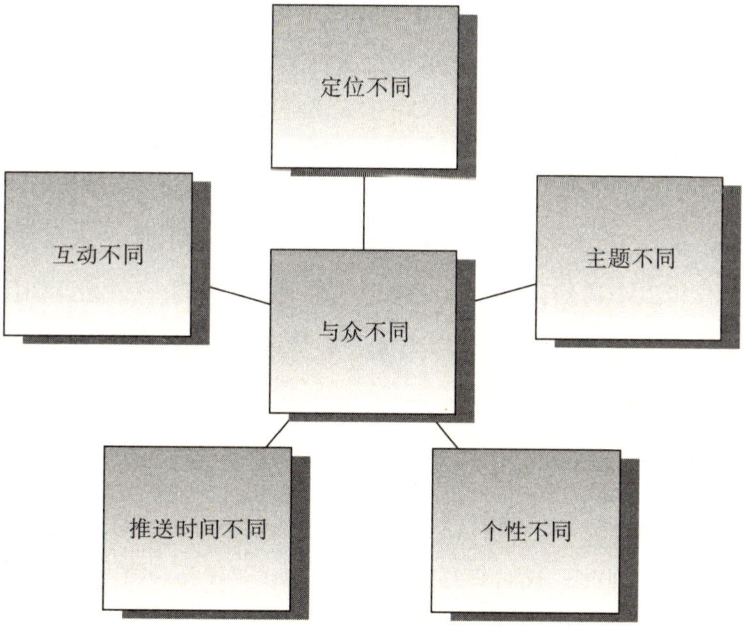

图 9.11　与众不同的五大方法

（1）定位不同

很多微商都不是自己所发布软文的原创者，而是“搬运工”。他们盲目地将别人浏览了无数遍的内容搬至自己的公众号中，其后果只能是泯然众人。因此，我们必须要有一个与众不同的定位。有的微商叫苦不迭：“我真的不会原创写作怎么办？”没关系，我们可以将网络上的各种信息进行整合，之后以独特的视角进行分析，插入自己个性的观点，这也是可以的。

（2）主题不同

主题就是我们微信公众号的“名片”，人们通过这张名片可以对我们有初步的了解。确立主题最简单的方法就是利用内容、排版、字体、图片等树立自己的风格，让人们一看到这种风格就想到你。

（3）互动不同

现在很多微信公众号内容雷同，如果想与众不同，必须下点巧功夫。比如人们都选择了自动服务，我们就可以选择人工客服，利用更人性化的互动将自己凸显出来。

（4）个性不同

在微信世界中，公众号应该是鲜活的“人”。既然作为“人”，就必须要有个性。你可以小清新，你可以高格调，你可以重口味……无论如何，都要有鲜明的个性。千万别把公众号当成“杂货铺子”，各种内容都罗列其上，这样我们的个性就无法塑造。

（5）推送时间不同

即使我们的内容做得再好，如果选择与其他商家集中推送，也会淹没在海量信息之中。因此，我们要有自己独特的推广时间。我们可以分析我们的客户，看他们的碎片化时间集中在哪个时段，然后将其作为我们独特的推送时间。打个比方，我们的目标客户都是昼伏夜出的“夜猫子”，那么我们就可以选择在夜里 12：00 准时推送信息。

9.4.3 打造唯一性

怎么才能成为客户的“唯一”，而不是“之一”呢？

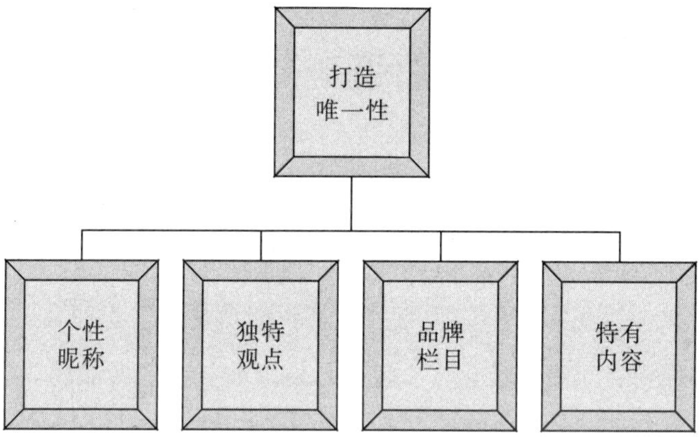

图 9.12 打造唯一性的 4 个方法

（1）个性昵称

我们所说的个性昵称不仅指公众号名称，还包括你和粉丝进行互动时的名称。这些昵称最好简单、易记、朗朗上口，让人看一眼就难以忘记。

（2）独特观点

千篇一律的转发只会让粉丝审美疲劳，况且捡来的衣服怎么会合身，抄来的内容怎么会适合你？倒不如在推送内容的时候插入自己的独特观点，或者用自己的话来诠释别人的内容。

（3）品牌栏目

提到《艺术人生》，我们就会想起朱军；提到《天下收藏》，我们就会想起王刚……如果我们能打造出一个品牌栏目，那么我们也会成为公众号里的唯一。

（4）特有内容

我们可以结合自身的产品和服务，推出“私人制作”，创造出一系列自己才有的活动，让这些特有内容成为我们的专属名片。

9.5 无粉丝，不营销

我们先看一个公式：成交量＝流量 × 转化率，流量和转化率都至关重要。如果一方是 0 的话，不管我们如何努力，结果还是 0。

这个公式告诉我们，作为微商，不管我们卖食品、卖药品、卖服务、卖生鲜……必须要有流量和转化率，也就是愿意购买我们产品的粉丝。

那么微信公众号该如何做，才能让粉丝找上门来呢？

9.5.1 产品本身才是用户关注你的理由

为了吸引粉丝，微商使尽浑身解数，各种促销活动纷至沓来。单纯的促销真的能招徕粉丝吗？肯定能招徕一定的粉丝，但是转化率未见得高。促销活动人人可以做，只有产品是无可替代的。所以，即使我们要做活动，也一定要围绕着产品的特性展开。

让我们来看看 Wi-Fi 万能钥匙是怎么做的。

Wi-Fi 万能钥匙几乎每一次活动，都是围绕着产品本身展开的。Wi-Fi 万能钥匙 3.0 内测时，粉丝必须通过微信来领取激活码。通过这项活动，Wi-Fi 万能钥匙的关注用户增加了几十万人，而且其中不乏忠实粉丝。

图 9.13　Wi-Fi 万能钥匙公众号

Wi-Fi 万能钥匙的成功再次验证了产品本身才是用户关注你的理由。

用产品本身来吸引粉丝，我们需要做到以下几点。

（1）降低门槛

千万别让粉丝“千呼万唤”，我们才“始出来”，在吸引粉丝这件事上，最好别玩“欲拒还迎”的把戏。降低粉丝关注门槛是非常有必要的，务必让粉丝觉得关注我们的公众号非常简单。

（2）产品礼包

围绕产品展开活动，我们可以考虑为粉丝准备一个产品礼包，以我们的主要产品为主，辅以各种特色小产品，既突出我们产品的优势，又可以用小优惠博得客户的欢心。

9.5.2　粉丝大迁徙，从微博到微信

如果你曾经是位微博达人，已经在微博上积累了一定数量的粉丝，现在主打方向是微信公众号，这时你需要将粉丝迁徙到公众号上来。

接下来，我们来谈一下具体操作技巧。

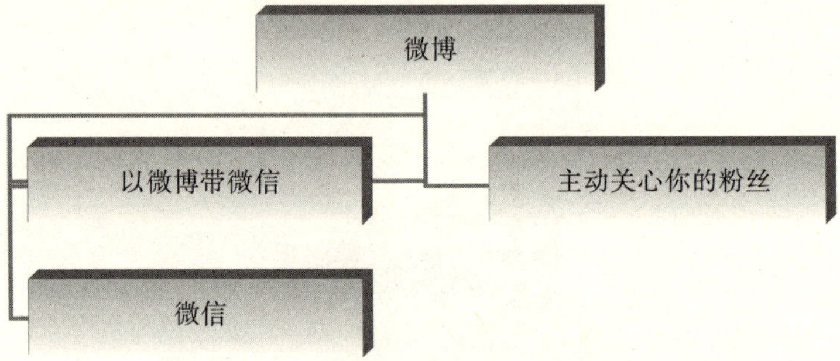

图 9.14　将粉丝从微博迁徙到微信

（1）以微博带微信

既然我们已经有了很稳定的微博粉丝，那么我们就可以将我们的微博头像换成公众号的二维码，并在微博发布的内容中带上我们的公众号，通过这种方式用微博带动微信，将粉丝逐渐转移到公众号上去。

（2）主动关心你的粉丝

我们在微博上主动关心粉丝，粉丝会给我们更大的回馈。在加深了解之后，就可以提出让他关注我们的微信公众号，慢慢将他们培养成我们的铁杆粉丝。

9.5.3　激发好奇心，让路人变粉丝

在营销过程中，如果我们能巧妙地制造一些悬念，充分调动客户的好奇心，提升客户对我们的兴趣，就可以让“路人”变“粉丝”。

哪些方式能调动客户的好奇心呢？

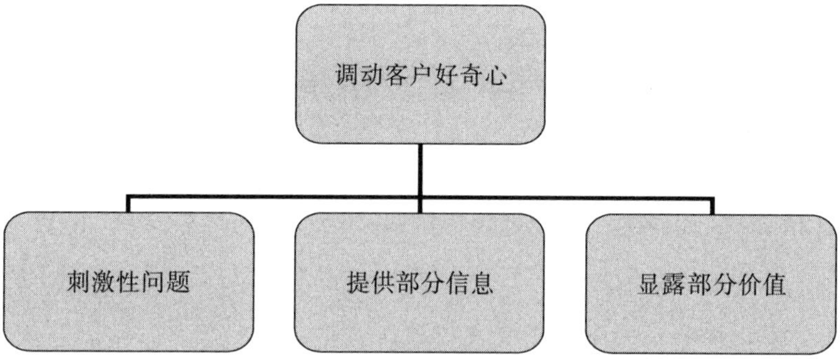

图 9.15　调动客户好奇心的方法

（1）刺激性问题

刺激性的问题能充分引发客户的好奇心。举个例子，有位卖辣白菜的微商在遇到客户时，会和对方说："如果没有做好心理准备，千万不要买我家的辣白菜。" 客户一头雾水，非常好奇地问："为什么？" 对方接着说："因为它好吃得让你停不下来。"

（2）提供部分信息

如果我们在介绍产品时将产品所有特性都淋漓尽致地告诉客户，会大大降低客户的参与欲望。这就好比我们更喜欢听充满悬念的故事，而不是平白直铺如同流水账一样的故事。

衣联网在开业时曾推出过"扫微信抢福袋"的活动。"福袋"的内容是什么？粉丝们一无所知。这大大地提升了粉丝的参与热情。

（3）显露部分价值

显露部分价值是激发粉丝好奇心的一个重要方式，也是一个极有效果的营销策略。我们要变身"说书人"，在显示产品最关键的价值时戛然而止，激发粉丝的好奇心，让粉丝迫不及待地参与进来。

9.6 用好公众号，让营销事半功倍

微商们为什么选择公众号进行营销？

第一，微信公众号能更好地宣传我们的品牌；第二，微信公众号提供的是一对一精准营销，无形之中大大提升了营销效果；第三，微信公众号能提供更多的个性化服务；第四，公众号营销具有一定的互动性；第五，微信公众号能进行精准的客户分类。

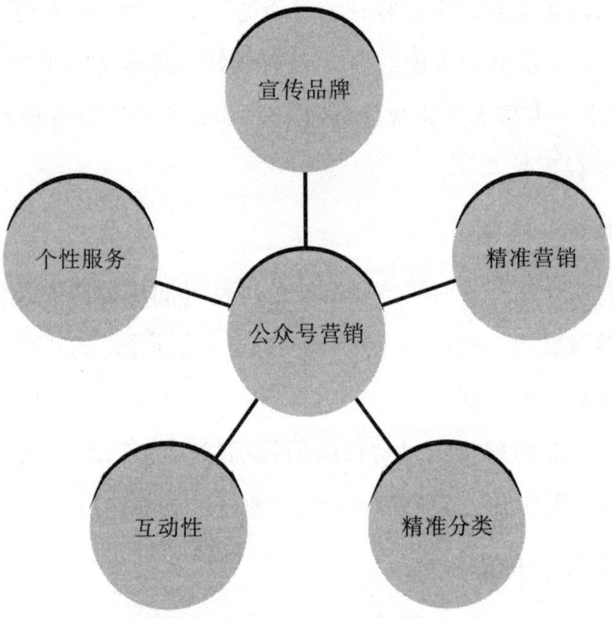

图 9.16 公众号营销的优势

正因为微信公众号有这些好处，越来越多的微商选择了公众号作为营销平台。那么该如何具体操作呢？

9.6.1 华丽变身，从提供信息到提供服务

微商时代，得服务者得天下。很多微商对此不以为然；“我们要注重产品！”没错，产品品质肯定要注意，但是我们必须认识到，产品往往是整个产业链中最薄弱的环节。为什么这么说？因为产品很容易被抄袭仿制，利用产品带来的竞争优势往往很容易就被抄袭仿制所消除。

相反，不管是邀请参与研发还是做好售后服务，不管是与粉丝之间的沟通互动还是人情往来，这些服务都是不可替代的。如果粉丝从我们这儿享受到了独一无二的服务，我们将立足于不败之地。

（1）变身“顾问”

和粉丝亲密接触的我们，不应该再是营销人员，而是要变身“顾问”，站在专业角度和客户利益角度，为客户提供专业的意见和解决方案，帮助客户了解我们的产品，帮助我们的产品在客户手中发挥最大的价值。变身“顾问”能让我们的关系营销更上层楼，还能让我们的粉丝变成“钢丝”，对我们不离不弃。

（2）量身定制

我们可以将每位客户当做我们的 VIP 客户，根据他们的年龄、性别、爱好、习惯等，为他们量身定制产品以及服务，这种量身定制是独一无二的，是我们区别于其他商家的标志，能大大增强我们和粉丝之间的关系。

9.6.2 一对一服务，回归公众号本质

一对一的服务和传统服务有什么区别？很简单，传统服务是围绕产品进行的，目的是想让同一种产品卖给尽可能多的人；一对一服务则是围绕着服务展开的，目的是将不同产品反复卖给同一个人。

我们来看一下 LV 是怎么做的。

如果我们现在想买路易威登的产品，只需要关注路易威登的公众微信号，就可以轻而易举地查询到我们心仪产品的库存等情况。最关键的是，客服人员会提供一对一服务，解答我们的疑问，并迅速指引我们去距离最近的LV店购买，给客户“私人专享”般的VIP享受。

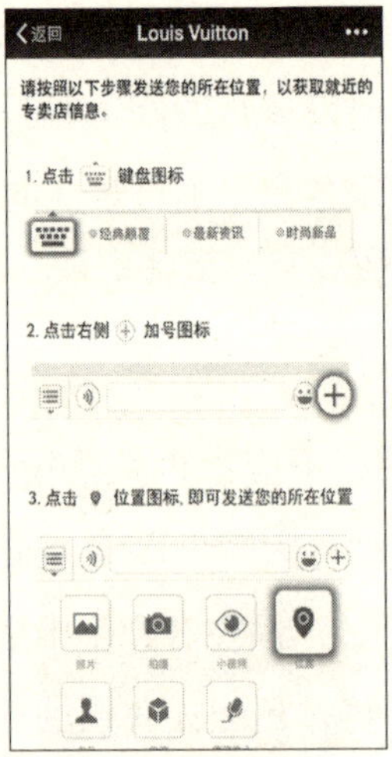

图9.17　路易威登公众号

（1）追踪

凡事都有迹可循，我们可以根据客户的习惯和购买记录来分析客户的偏好。找出客户的喜好并予以满足后，就有可能和客户建立长期关系。

（2）互动

一对一服务的优势在于，双方之间的互动并不像买方和卖方，更像是两个老朋友。如果能做到这一点，我们的营销将无往不利。

9.6.3　定位清晰，是成功营销的基础

试想一下，如果你要购买一款护肤品，你是选择去路边摊购买还是选择去美容院购买呢？大部分人肯定选择去美容院购买。为什么？因为相对于路

边摊而言，美容院给自己的定位就是皮肤护理专家，他们在这方面更加专业，更加具有可靠性；而路边摊给自己的定位只是一个卖货的，他们并不懂护肤方面的相关知识，即使出现了任何问题，他们也不懂如何解决。这就是定位的重要性。

在定位公众号前，我们先问自己四个问题：第一，你想用公众账号做什么？第二，你的公众账号能为用户做什么？第三，你的独特价值在哪里？第四，你能提供哪些便捷？

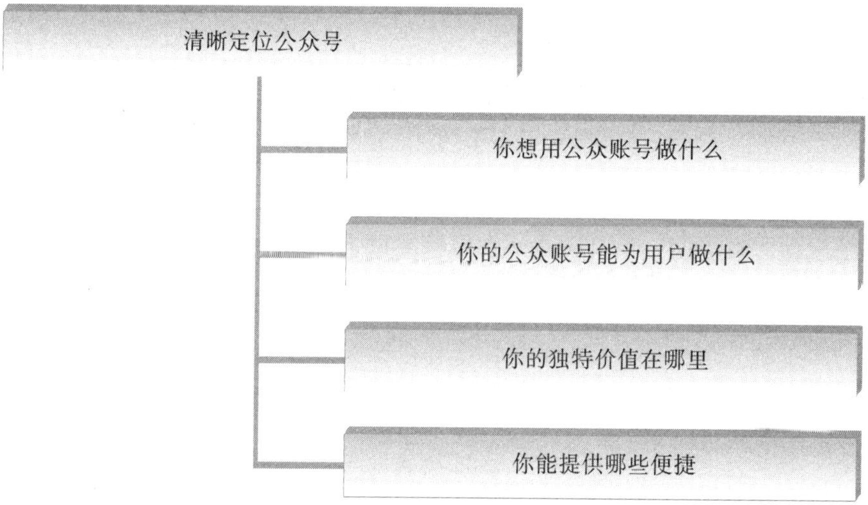

图 9.18　公众号定位的四个问题

仔细思考这四个问题，我们就大概知道我们公众号的发展方向了。

9.6.4　巧用“附近的人”，线上导流线下

对于线下拥有门店的商户而言，公众号往往成为其导流的工具。对此，微信公众平台通过“附近的人”功能给予支持。只要微信公众平台商户经过审核并添加卡券后，就拥有了在“附近的人”中曝光的权利。目前，这项功能只对拥有卡券的公众号以及经过认证的服务号开放。

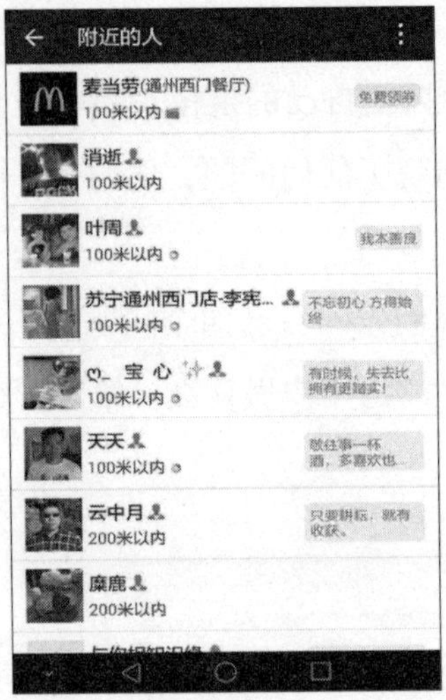

图 9.19 “附近的人”上的公众号

这就意味着，微信公众号将帮助拥有线下门店的商户带来精准的客流。可是现在“附近的人”出现的公众号越来越多，如何从中脱颖而出？

这就需要我们成为“优质”门店，这样在添加卡券之后，我们就有机会在“附近的人”中独占鳌头。具体操作步骤如下。

图 9.20 添加功能插件

（1）当我们打开认证的服务号或者有卡券的公众号时，页面左侧有一个“+”号栏，可以帮助我们添加需要的功能插件。

（2）由于“附近的人”目前只向经过认证的服务号以及有卡券的公众号开放，所以在申请之前，先检查一下我们的资质。如果符合的话，选择“门店管理”这个插件，点击“申请开通”。申请通过后，关注我们的公众号或服务号的页面，在左侧的功能栏中会出现“门店管理”。

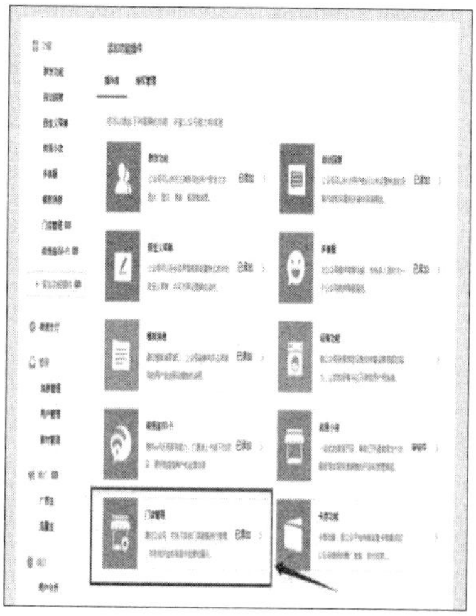

图 9.21 “门店管理”插件

（3）当我们打开“门店管理”项时，在右上角会出现“公众平台门店管理指引文档”，我们可以按照它的指导，完善我们的门店信息。

对于新建门店，微信官方会进行审核。成为优质门店需要满足三个条件：首先，要填写完整的信息，提交完整的资料；其次，需要确保信息真实、准确，且没有任何违规内容；最后，还需要上传三张以及以上的照片，图片要清晰。

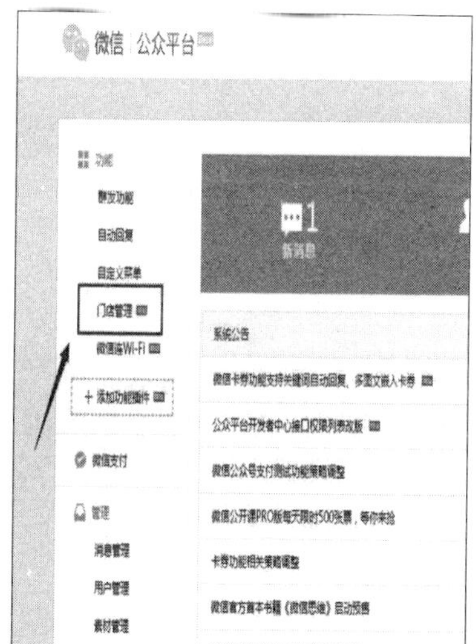

图 9.22 通过“门店管理”添加门店

满足这三个条件后，在“门店管理”或“卡券功能”添加卡券后，就有可能出现在“附近的人”中的首页。

门店信息一经提交，所有权归微信所有。如果我们想要变更，需要向后台申请。